CD-ROMブック For Windows

イラスト&おたより文例12か月

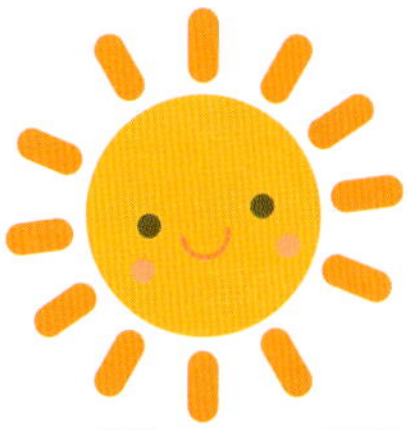

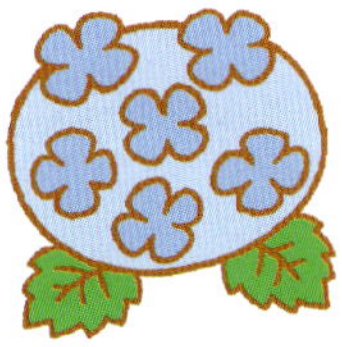

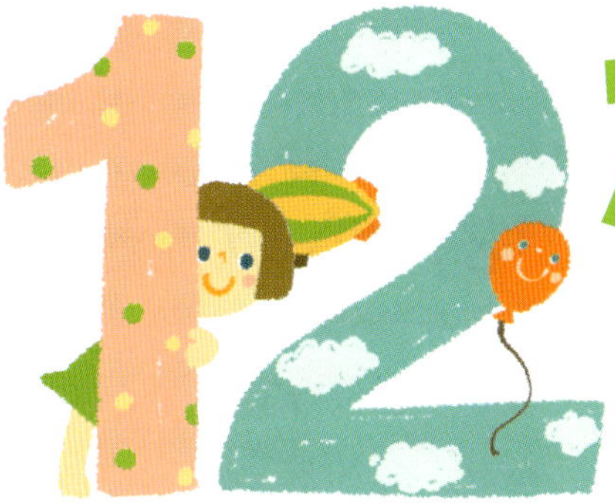

ポット編集部　編

チャイルド本社

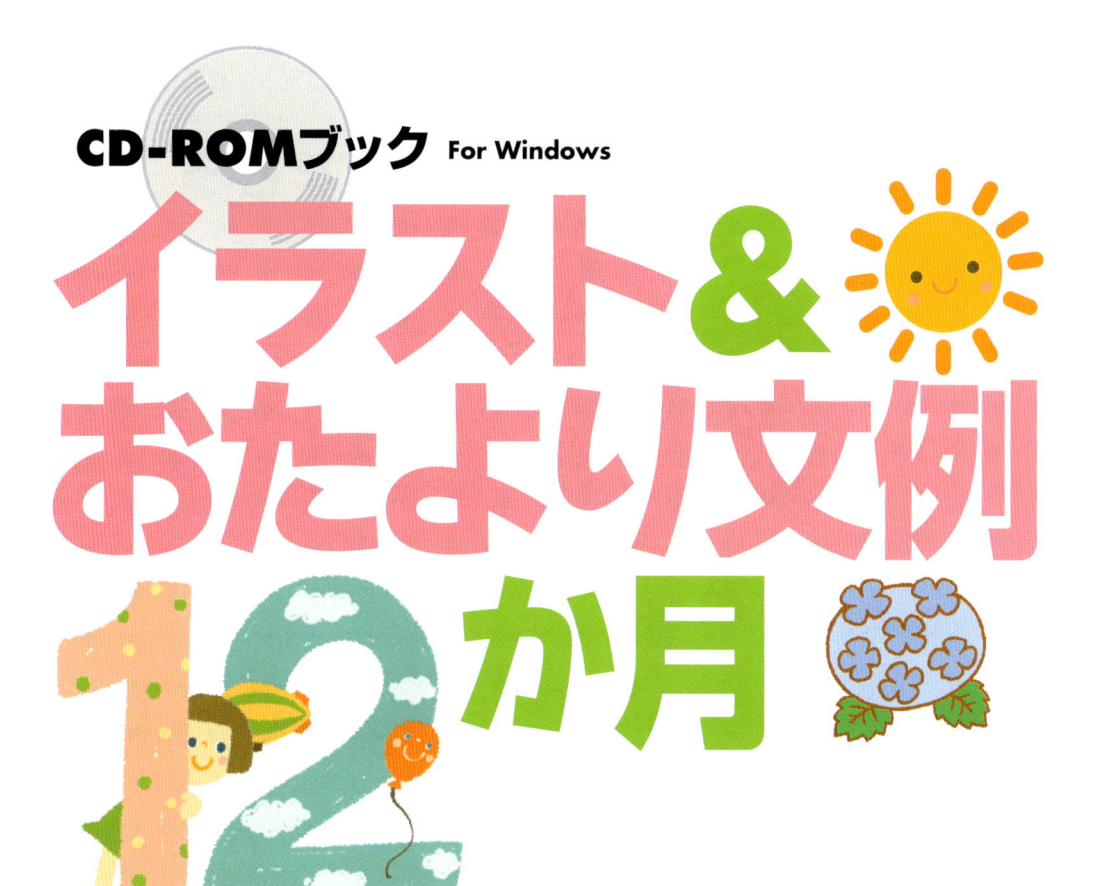

入園 おめでとう

新入園児と保護者のために
うれしさいっぱいのイラストで
迎えましょう

P02-001

P02-002

P02-003

P02-004

P02-005

P03-001

P03-002

P03-003

P03-004

○○○園まで

地図や園の写真を入れる

おうちの方へお願い

●入園式当日は、園の周辺が大変込み合いますので、お車などでお越しの方は、園近くでの駐車はご遠慮願えますでしょうか。また、できる限り、バスや電車、徒歩でご来園いただけますよう、どうぞよろしくお願いいたします。

●当日、入園風景を撮影されるご父兄の方へ。撮影場所は、式会場となります○○○体育館内のみでお願いいたします。
尚、場所取り等で、子どもたちに事故やケガのないよう、十分ご配慮のほどよろしくお願いいたします。

にゅうえん
おめでとう
ございます

日時：○月○日　○時より

P03-008

P03-005

P03-006

おめでとうございます

年少組の皆さん、ご入園おめでとうございます。きのうまではいつもお母さんと過ごしていたお子さんたちも、きょうからは○○園の仲間です。

これから、園の先生やお友達といっしょに、たくさんの経験をして楽しい毎日を過ごしましょうね。

保護者の皆様、本日はご入園おめでとうございます。

あたたかくも厳しいご両親の愛のなかで育てられたお子さま方を、わたしたちも負けずに愛し、大切にお預かりさせていただこうと思います。

どうぞよろしくお願いいたします。

にゅうえんしき

開会式のあいさつ

園長のあいさつ

新入園児紹介

職員紹介

来賓祝辞

在園児歓迎の歌

閉会のことば

P03-009

P03-007

生活ポスター

園内やクラスで使ったら
毎日の園生活が
もっと楽しくなりそう

げんきに　ごあいさつ

P04-003

おとうばん

P04-001

おとうばん

P04-002

おかたづけ　しましょう

P04-004

P04-005

おいしく　たべようね

P04-006

なかよく　あそびましょう

P05-001

トイレ

P05-004

うがいを　しましょう

P05-002

トイレ

P05-005

てを　あらいましょう

P05-003

P05-006

動物

「おたより」から「個人マーク」
まで、いろんなシーンで
大活躍！

P06-001

P06-002

P06-003

P06-004

P06-005

P06-006

P06-007

P06-008

P06-009

P06-010

P06-011

P06-012

P06-013

P07-001

P07-002

P07-003

P07-004

P07-005

P07-006

P07-007

P07-008

P07-009

P07-010

P07-011

P07-012

P07-013

P07-014

P07-015

P07-016

P07-017

P07-018

P07-019

水辺の生き物

ゆかいな海の仲間たち
おしゃべりが
聞こえてきそう

P08-001

P08-002

P08-003

P08-004

P08-005

P08-006

P08-007

P08-008

P08-009

P08-010

P08-011

P08-012

P08-013

P08-014

乗り物

子どもが大好きな乗り物
「おはなし」の時間にも
使えます

P08-015

P08-016

P08-017

P08-018

P08-019

P08-020

P08-021

P08-022

P08-023

P08-024

P08-025

P08-026

P08-027

草花 木の実

「個人マーク」や
「季節のコラム」を
かわいく飾ってくれます

P09-001

P09-002

P09-003

P09-004

P09-005

P09-006

P09-007

P09-008

P09-009

P09-010

P09-011

P09-012

P09-013

P09-014

P09-015

P09-016

P09-017

P09-018

昆虫

どんな虫を知っているかな？
ゲームやカードに
してみては

P09-019

P09-020

P09-021

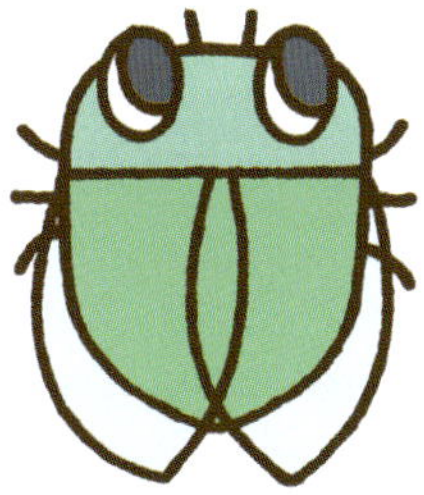
P09-022

P09-023

P09-024

P09-025

P09-026

食べ物

食べ物の大切さを
子どもたちと
話し合いましょう

P10-001

P10-002

P10-003

P10-004

P10-005

P10-006

P10-007

P10-008

P10-009

P10-010

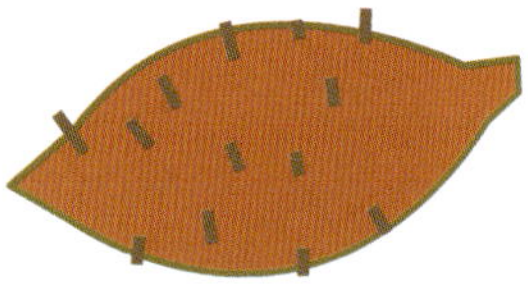
P10-011

P10-012

P10-013

P10-014

P10-015

P10-016

P10-017

P10-018

P10-019

P10-020

P10-021

P10-022

P10-023

P10-024

P10-025

P10-026

P10-027

使う物

子どもたちを囲む
楽しい小道具たち
名前といっしょに
教えたい

P11-001

P11-002

P11-003

P11-004

P11-005

P11-006

P11-007

P11-008

P11-009

P11-010

P11-011

P11-012

P11-013

P11-014

P11-015

P11-016

P11-017

P11-018

P11-019

P11-020

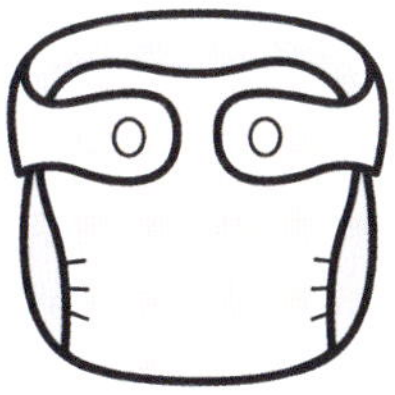
P11-021

P11-022

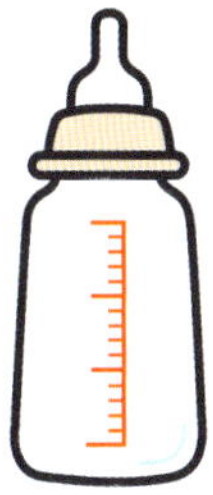
P11-023

P11-024

P11-025

P11-026

P11-027

カードいろいろ

特別な日のための
特別なカード
心を込めて贈ります

P12-001

おたんじょうび
おめでとう

P12-002

おめでとう

P12-003

P12-004

P12-005

P12-006

P12-007

P13-001

メリークリスマス

P13-002

P13-003

P13-004

Merry Christmas

P13-005

P13-006

P13-007

P13-008

P13-009

P13-010

P13-011

P13-012

P13-013

P13-014

P13-015

P13-016

P13-017

囲み イラスト

メッセージを盛り上げる
囲みのイラスト
「おたより」やメモに大活躍

P14-001

P14-002

P14-003

P14-004

P14-005

P14-006

P14-007

P14-008

P14-009

P14-010

数字 お天気

「カレンダー」や
「献立表」などに使える
数字イラストとお天気イラスト

P15-001

P15-002

P15-003

P15-004

P15-005

P15-006

P15-007

P15-008

P15-009

P15-010

P15-011

P15-012

P15-013

P15-014

P15-015

P15-016

P15-017

P15-018

P15-019

P15-020

P15-021

P15-022

P15-023

P15-024

P15-025

P15-026

P15-027

P15-028

P15-029

P15-030

P15-031

P15-032

P15-033

P15-034

P15-035

P15-036

P15-037

P15-038

飾りけいイラスト

デザインセンスあふれる
「おたより」や「お知らせ」に
仕上げたいときに

P16-001

P16-002

P16-003

P16-004

P16-005

P16-006

P16-007

P16-008

P16-009

P16-010

P16-011

この本の使い方

本書は、園のさまざまなシーンで使えるイラストや文例を収録しました。
付属のCD-ROMに入っているイラストや文例のデータを使って、
毎日の保育活動に役立ててください。

イラストページの見方

本書P 2〜16とP30〜123のイラストは、
付属のCD-ROMに収録されている内容を
ご紹介しています。

テーマ

イラストは、月別やテーマ別に並んでいますので、用途によってお選びください。

イラスト

CD-ROMに収録されているイラストの見本です。
P2〜16はカラーのイラスト。それ以外はモノクロイラストです。

動物
「おたより」から「個人マーク」まで、いろんなシーンで大活躍！
P06-001
P06-002
P06-003
P06-004

ファイル名

P06-002

CD-ROMに収録されているイラストデータのファイル名（名前）です。

＊P2〜16のカラーイラストのファイル名の先頭はページ数になっています。
＊P30〜123までの月別イラストのファイル名の先頭は月になっています（4月のイラストは04-で始まります）。

CD-ROM収録データの見方

収録されているイラストは、
すべて、ページやテーマ別のフォルダに入っており、
これらを活用して「おたより」などの作成にお使いいただけます。

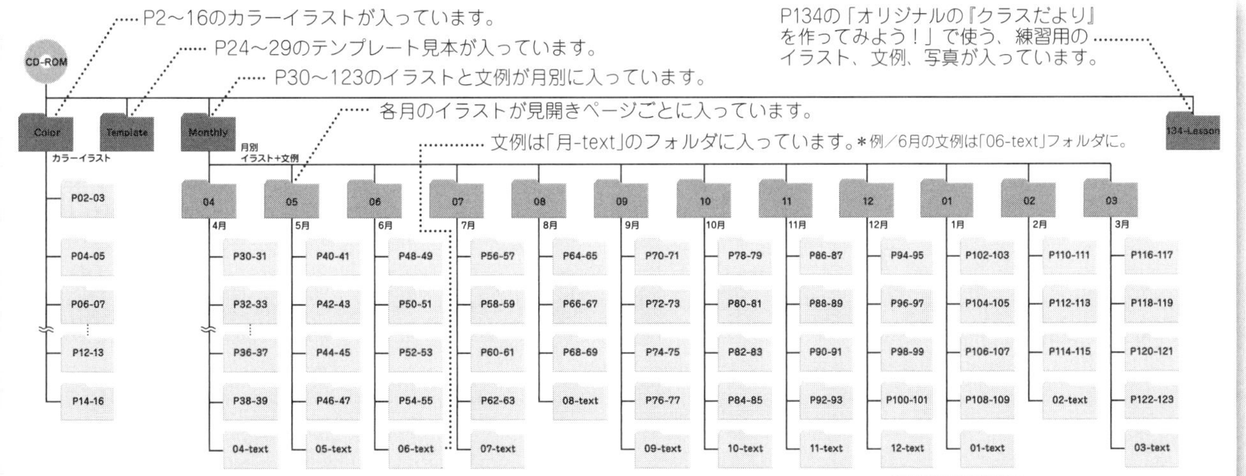

P2〜16のカラーイラストが入っています。
P24〜29のテンプレート見本が入っています。
P30〜123のイラストと文例が月別に入っています。
各月のイラストが見開きページごとに入っています。
文例は「月-text」のフォルダに入っています。＊例／6月の文例は「06-text」フォルダに。
P134の「オリジナルの『クラスだより』を作ってみよう！」で使う、練習用のイラスト、文例、写真が入っています。
CD-ROM
Color
カラーイラスト
Template
Monthly
月別
イラスト+文例
134-Lesson
P02-03
P04-05
P06-07
P12-13
P14-16
04 4月
P30-31
P32-33
P36-37
P38-39
04-text
05 5月
P40-41
P42-43
P44-45
P46-47
05-text
06 6月
P48-49
P50-51
P52-53
P54-55
06-text
07 7月
P56-57
P58-59
P60-61
P62-63
07-text
08 8月
P64-65
P66-67
P68-69
08-text
09 9月
P70-71
P72-73
P74-75
P76-77
09-text
10 10月
P78-79
P80-81
P82-83
P84-85
10-text
11 11月
P86-87
P88-89
P90-91
P92-93
11-text
12 12月
P94-95
P96-97
P98-99
P100-101
12-text
01 1月
P102-103
P104-105
P106-107
P108-109
01-text
02 2月
P110-111
P112-113
P114-115
02-text
03 3月
P116-117
P118-119
P120-121
P122-123
03-text

＊CD-ROMのセットについては、お手持ちのパソコンの説明書に従ってください。

CD-ROMブック

イラスト&おたより文例12か月

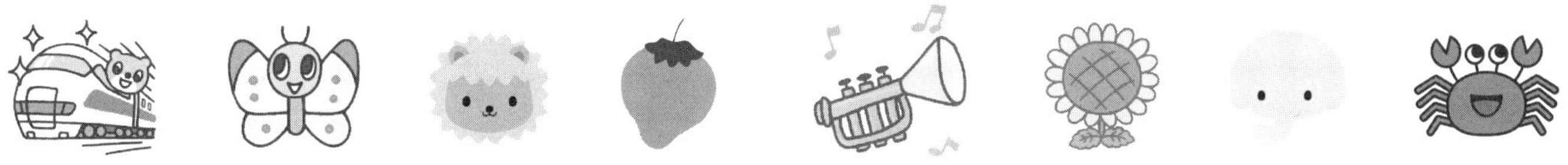

CONTENTS

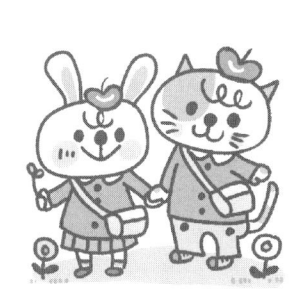

イラストを活用して園生活を盛り上げよう！

動物や草花、食べ物、持ち物など、園児にわかりやすいイラストを使うと
毎日の保育生活がもっと楽しくなります。

個人マークに

個人マークやクラスマークにも使える、アイコン的なマークイラスト。
大きさを変えてプリントアウトしたり、シール用紙に印刷したりして活用ください。

ゆうき
はるな

クラスのポスターやグッズに

今月の園の目標やクラスでのお約束ごと、行事情報、メダルなど、ちょっと目立たせたいものに
活用すると、とても楽しく演出できます。

うがい
てあらい
わすれないで！

おいしく　たべようね

読書週間

お誕生カードやイベントカードに

お誕生カードやクリスマスカードなど、子どもたちや保護者に贈る手書きカードにも！

おたんじょうび おめでとう
おめでとう

メリークリスマス
いつも げんきな
ゆきちゃんにとって、
たのしい クリスマスに
なりますように
えりこせんせいより

コラムやメモ、アルバム作りに

お願い

おたよりや部屋にはっておきたいコラムやちょっとしたメモ。
文字だけでは伝えきれないものにイラストを用いるのもおすすめです。

4月の子どもの姿
入園当初は泣いてばかりの乳児さんたちでしたが、日に日に笑顔が見られるようになりました。おもちゃで人気があるのは、クマさんのおきあがりこぼし。手で揺らすと「コロリンリン」と音が鳴り、倒してもおきあがる、昔ながらのおもちゃです。

ひよこぐみ担任の
大谷（おおたに）です！

お膳立て
園ではまず手洗いを済ませ、机をふき、それから給食の配膳をします。トレーのどこにごはん、おかず、汁物を置くのか、画用紙に書いて、確認し合いました。おはしの持ち方や姿勢などにも気をつけるように指導しています。

みんないっしょに
かわいい
入場です。
みんなで
おゆうぎ
楽しかったね
春のうた、
とっても
上手でした。

イラストを使って“クラスだより”を作ろう！

園から保護者へのお知らせ。クラスの予定やできごとを伝えるおたよりに
かわいいイラストを使えば、楽しい様子が伝わり、
保護者にも子どもにも喜んでもらえます。

P124からの操作手順のページをご参照ください。

ポイント 1

目立たせたいタイトル部分には、イラストと文字を組み合わせて、インパクトのあるデザインに！イラストの空いているスペースに文字を入れます。

イラストの大きさは
拡大縮小で
調整してね

ポイント 2

文章の内容に合うイラストを入れると、読んでいる保護者も楽しくなってきます。

ポイント 3

本文とは少し見た目を変えたコラム。あらかじめWordに入っている図形を背景に、文字とイラストを組み合わせました。

ポイント 4

季節感のあるイラストに、子どもの写真を組み合わせると、愛情いっぱいに仕上がっちゃう！

＊写真を載せる場合は、保護者の同意を取りましょう。

ポイント1

文字の間に、イメージにピッタリのイラストをからませたタイトル。遠足の雰囲気が出ています。

ポイント2

「持ち物」についても、文字だけでなく、イラストがあると、ひと目でわかりやすくなります。忘れ物もなくなりそう。

保護者各位

平成○○年４月

なかよし幼稚園

ひよこぐみとあひるぐみ

春の遠足のお知らせ

遠足の日：○月○日（○）

年長さんの遠足は『こども動物園』にでかけます。ウサギやヤギなどの小動物たちとの触れ合いも体験します。お昼はみんなで手作りのお弁当を食べ、おやつには、自分でしぼったしぼりたてのミルクをいただきます。

8:45　園の前に集合
9:00　バスで出発
10:00　こども動物園に到着
歩いて園内を散策
途中、アスレチック公園で遊びます。
11:30　うさぎ広場で触れ合い
12:00　見晴らし台公園で
13:00　子ヤギにミルクをあげる
13:30　乳しぼり体験
しぼったミルクをいただきます。
14:30　こども動物園を出発
15:15　園に到着

持ち物

動きやすい服装、歩きやすい靴、
お弁当、水筒、手ふき用ミニタオル

雨の場合

○月○日（○曜日）に延期し、
通常保育になります。
小雨が降っているなど、
判断が難しい場合は、
各クラス、連絡網にて
お知らせします。

ポイント3

文字を曲線にして、大きなタイトルと区別するようにデザイン。こちらも、ちゃんと目立ちます。

ポイント4

飾りけいのイラストで、文章と文章を上手に区切ると、空いたスペースもかわいく埋まります。

♡日程～　☆内容～
◎持ち物～　と
テーマに1つずつ
マークやイラストを
つけてもいいね

ポイント1

飾りけいイラストを縦に使うと、中の文章を目立たせることができます。

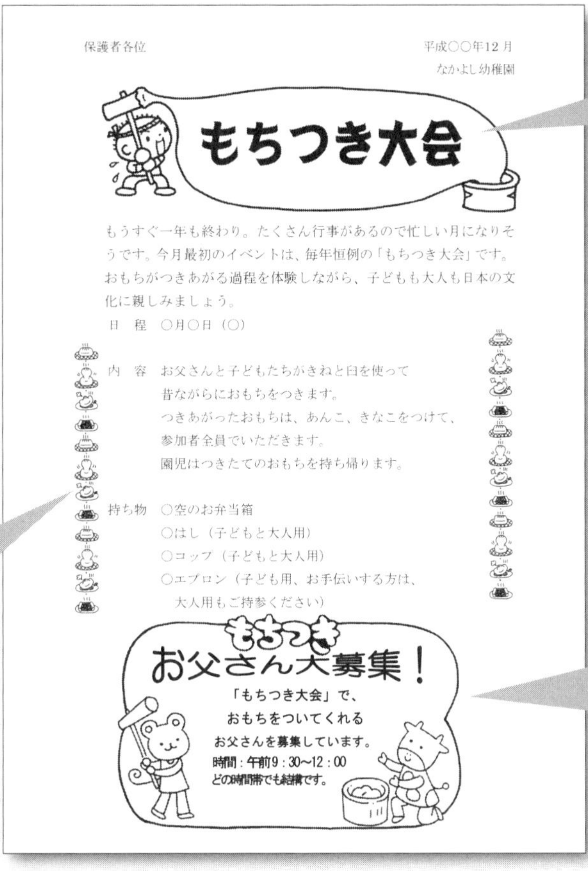
保護者各位

平成○○年12月

なかよし幼稚園

もちつき大会

もうすぐ一年も終わり。たくさん行事があるので忙しい月になりそうです。今月最初のイベントは、毎年恒例の「もちつき大会」です。おもちがつきあがる過程を体験しながら、子どもも大人も日本の文化に親しみましょう。

日　程　○月○日（○）

内　容　お父さんと子どもたちがきねと臼を使って
昔ながらにおもちをつきます。
つきあがったおもちは、あんこ、きなこをつけて、
参加者全員でいただきます。
園児はつきたてのおもちを持ち帰ります。

持ち物　○空のお弁当箱
○はし（子どもと大人用）
○コップ（子どもと大人用）
○エプロン（子ども用、お手伝いする方は、
大人用もご持参ください）

もちつき
お父さん大募集！
「もちつき大会」で、
おもちをついてくれる
お父さんを募集しています。
時間：午前9：30～12：00
どの時間帯でも結構です。

ポイント2

行事の内容に合ったイラストを見つけて、自分のフォルダを作っておくと便利ですね。

ポイント3

特に注目させたい文字を大きくゆがませたデザイン。見ていてもユニークです。

よく使うテンプレート見本

毎日の生活でよく使う「おたより」や「お知らせ」などのひな形（土台）になるテンプレート集です。
Wordを使って、文字やイラストを変えて使ってみましょう(P125～131をご参照ください)。

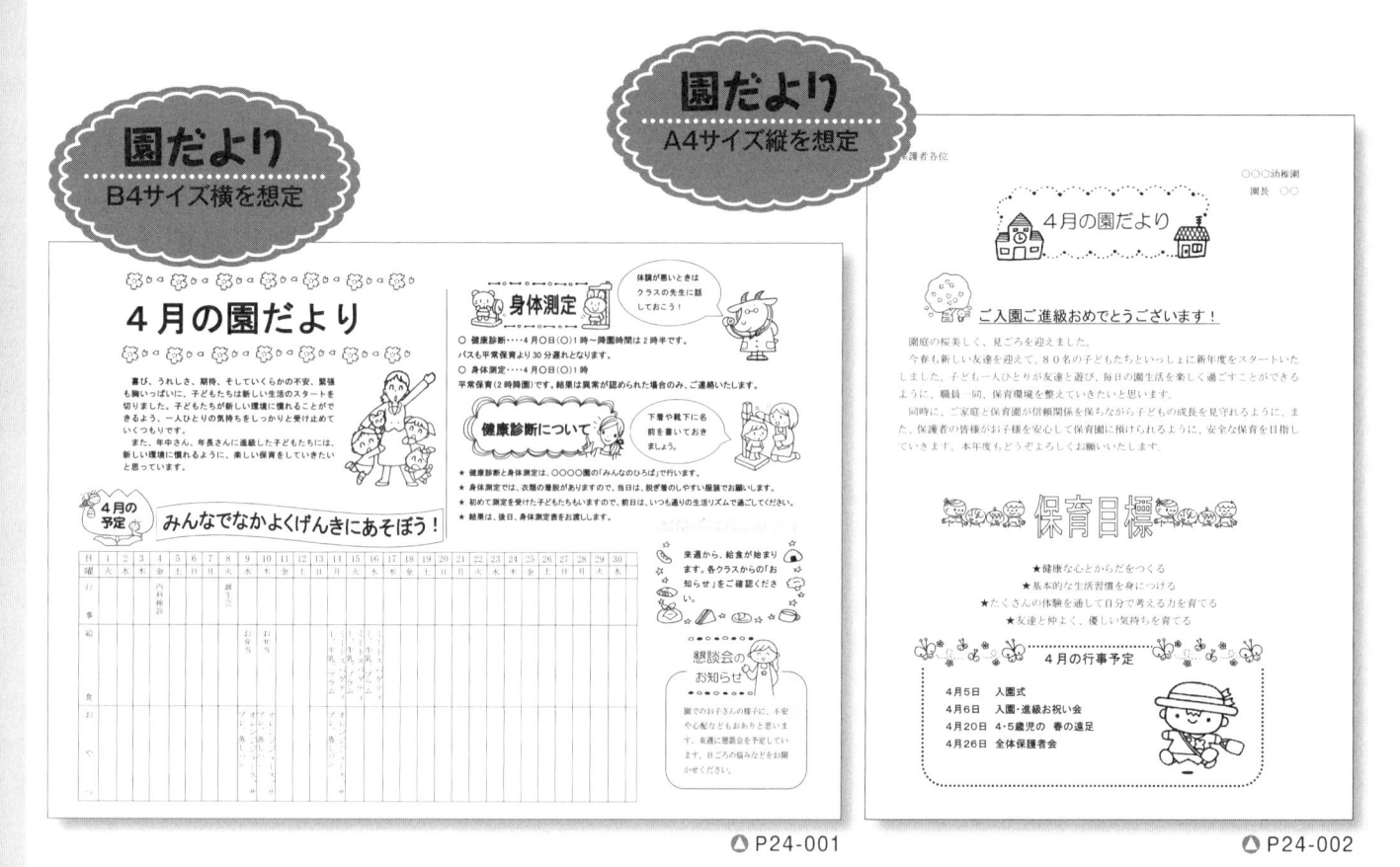

園だより
B4サイズ横を想定

P24-001

園だより
A4サイズ縦を想定

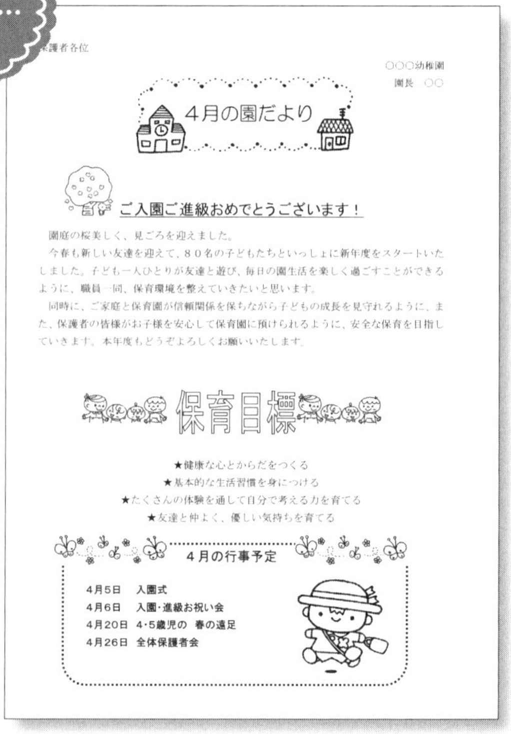

P24-002

連絡網
B4サイズ横を想定

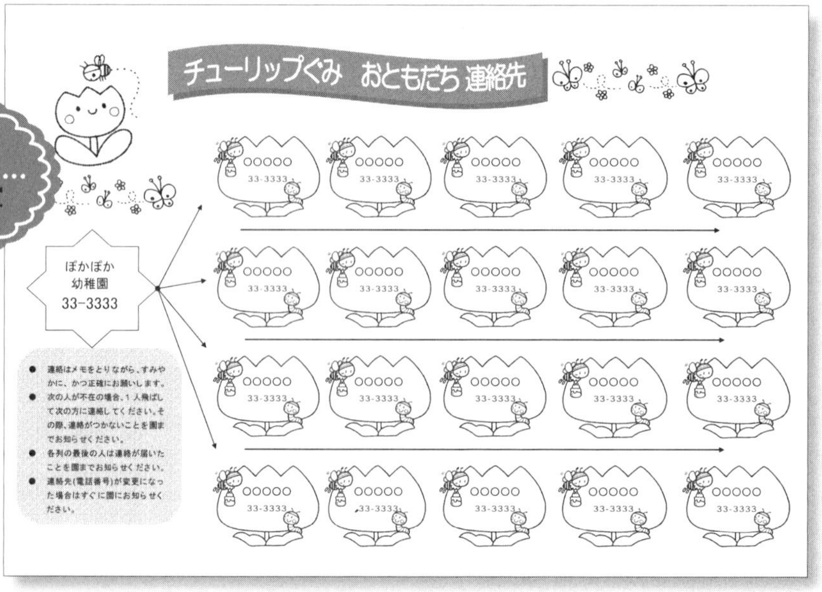

＊連絡網は個人情報なので、作成や取り扱いには、十分に配慮してください。

P24-003

クラスだより

B4サイズ横と
A4サイズ縦を想定

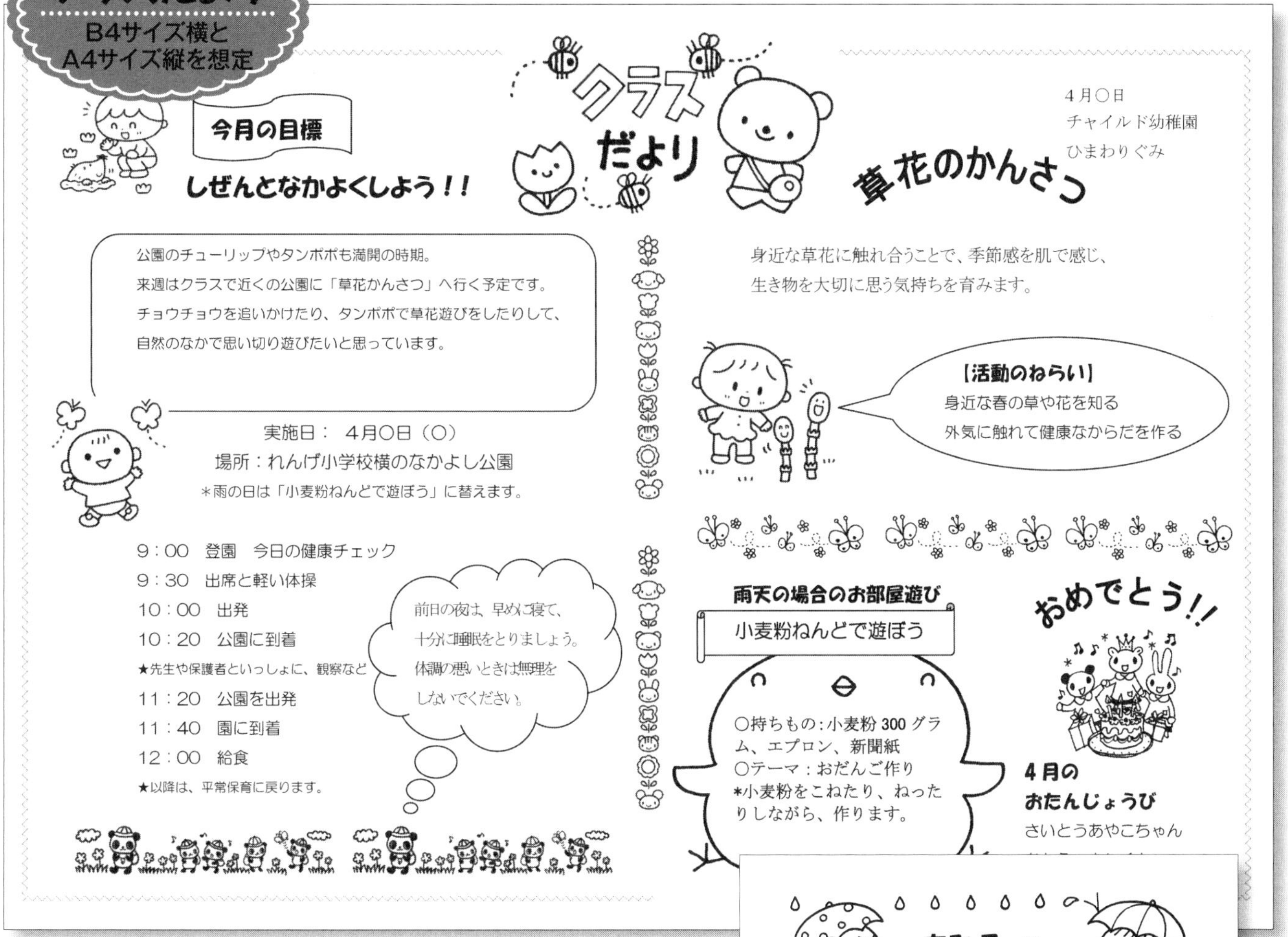

クラスだより

4月〇日
チャイルド幼稚園
ひまわりぐみ

今月の目標

しぜんとなかよくしよう！！

公園のチューリップやタンポポも満開の時期。
来週はクラスで近くの公園に「草花かんさつ」へ行く予定です。
チョウチョウを追いかけたり、タンポポで草花遊びをしたりして、
自然のなかで思い切り遊びたいと思っています。

実施日： 4月〇日（〇）
場所：れんげ小学校横のなかよし公園
＊雨の日は「小麦粉ねんどで遊ぼう」に替えます。

9：00 登園 今日の健康チェック
9：30 出席と軽い体操
10：00 出発
10：20 公園に到着
★先生や保護者といっしょに、観察など
11：20 公園を出発
11：40 園に到着
12：00 給食
★以降は、平常保育に戻ります。

前日の夜は、早めに寝て、
十分に睡眠をとりましょう。
体調の悪いときは無理を
しないでください。

草花のかんさつ

身近な草花に触れ合うことで、季節感を肌で感じ、
生き物を大切に思う気持ちを育みます。

【活動のねらい】
身近な春の草や花を知る
外気に触れて健康なからだを作る

雨天の場合のお部屋遊び

小麦粉ねんどで遊ぼう

〇持ちもの：小麦粉 300 グラム、エプロン、新聞紙
〇テーマ：おだんご作り
＊小麦粉をこねたり、ねったりしながら、作ります。

おめでとう！！

4月の
おたんじょうび
さいとうあやこちゃん

P25-001

連絡帳

A4サイズ縦を想定

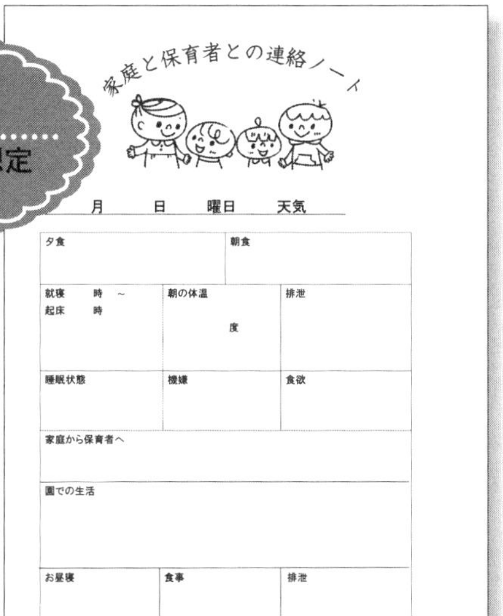

家庭と保育者との連絡ノート

月　日　曜日　天気

夕食	朝食	
就寝　時 ～ 起床　時	朝の体温 度	排泄
睡眠状態	機嫌	食欲
家庭から保育者へ		
園での生活		
お昼寝	食事	排泄

P25-003

あひるぐみだより

衣がえをして半袖になったせいか、活動的になった子どもたち。プール遊びも始まり、水の音とともに元気な声が聞こえてきます。

先日の雨で、園庭のあちらこちらに大小の水たまりができると、子どもたちははだしで園庭にかけていき、水たまり遊びを楽しんでいました。泥遊びが大好きな子どもたち。毎日のお洗濯がたいへんだとは思いますが、よろしくお願いいたします。

衣がえ

「先生、きのうお母さんといっしょに銀行に行ったら、銀行の人も半袖だったよ」と教えてくれました。4月・5月の暖かい季節が終わり、暑い夏がやって来ます。子どもたちにも、「みんなが着ている服も、長袖から半袖になるんだよ」と話をしました。

夏服になりますが、まだ半袖だけでは寒い日もありますので、衣類の調節ができるよう、薄手の長袖を1枚、持たせてください。よろしくお願いします。

6月生まれの
お友達

6月20日生まれ
さくま ゆいちゃん

P25-002

献立表

A4サイズ縦を想定

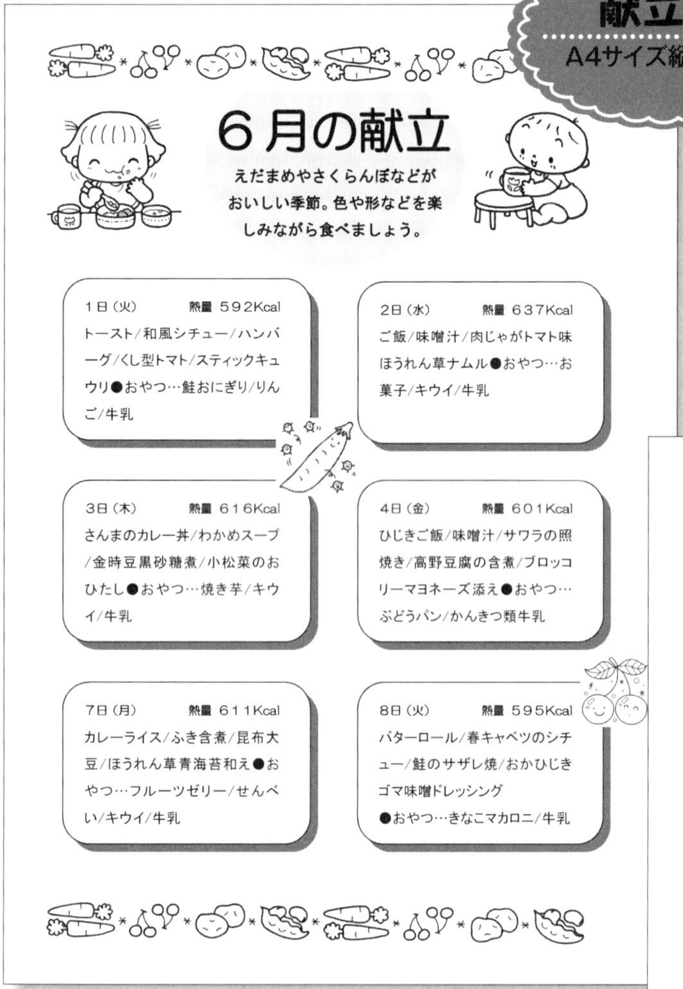

6月の献立

えだまめやさくらんぼなどがおいしい季節。色や形などを楽しみながら食べましょう。

1日（火）　熱量 592Kcal
トースト/和風シチュー/ハンバーグ/くし型トマト/スティックキュウリ●おやつ…鮭おにぎり/りんご/牛乳

2日（水）　熱量 637Kcal
ご飯/味噌汁/肉じゃがトマト味ほうれん草ナムル●おやつ…お菓子/キウイ/牛乳

3日（木）　熱量 616Kcal
さんまのカレー丼/わかめスープ/金時豆黒砂糖煮/小松菜のおひたし●おやつ…焼き芋/キウイ/牛乳

4日（金）　熱量 601Kcal
ひじきご飯/味噌汁/サワラの照焼き/高野豆腐の含煮/ブロッコリーマヨネーズ添え●おやつ…ぶどうパン/かんきつ類牛乳

7日（月）　熱量 611Kcal
カレーライス/ふき含煮/昆布大豆/ほうれん草青海苔和え●おやつ…フルーツゼリー/せんべい/キウイ/牛乳

8日（火）　熱量 595Kcal
バターロール/春キャベツのシチュー/鮭のサザレ焼/おかひじきゴマ味噌ドレッシング
●おやつ…きなこマカロニ/牛乳

P26-001

食べ物をモチーフにしたイラストで飾ると毎日の献立が楽しみになるよ！

よくかんでたべよう！

1日（火）　熱量 590Kcal
きびごはん/味噌汁/豚肉の松風焼き/二色おひたし/くし型トマト●おやつ…野菜うどん/キウイ/牛乳

2日（水）　熱量 590Kcal
ニンジンご飯/豆乳味噌汁/ひじき入り卵焼き/切干大根含煮
●おやつ…ジャムサンド/かんきつ類牛乳

3日（木）　熱量 565Kcal
ごはん/味噌汁/カジキ照焼き/ニンジンだし煮/ブロッコリーごま和え●おやつ…おかし/キウイ/牛乳

4日（金）　熱量 585Kcal
バターロール/白菜スープ/麻婆豆腐/カボチャのレーズン煮/ひとしおキュウリ●おやつ…じゃがバター醤油/かんきつ類牛乳

料理のお手伝いも食育

自分から進んで調理の手伝いをする子どもは、好き嫌いが減ったりして食事をすることが楽しくなったりするようです。

年長組でも来週からおやつ作りをします。いっしょに作りながら注意点を知らせていき、クッキングに興味をもって取り組めるよう手助けをしたいと思います。

P26-002

7月の献立表

おひさまをいっぱい浴びた野菜メニューが登場！。今月もおいしく食べましょう！【おひさま保育園】

日	曜日	献立名	おやつ	主な材料
1	木	スパゲティミートソース・コールスローサラダ・フルーツ	牛乳・ヨーグルト	豚挽肉、キャベツ、マヨネーズ、ヨーグルト
2	金	しゃけチャーハン・キャベツの中華いため・フルーツ	牛乳・胚芽ビスケット	しゃけ、ピーマン、キャベツ、鶏肉
3	土			
4	日			
5	月			
6	火			
7	水			
8	木			
9	金			
10	土			
11	日			
12	月			
13	火			
14	水			
15	木			
16	金			
17	土			
18	日			
19	月	海の日。休み。		
20	火			
21	水			
22	木			
23	金			
24	土			
25	日			
26	月			
27	火			
28	水			
29	木			
30	金			
31	土			

P26-003

お知らせ
B5・A4サイズ縦を想定

保護者各位

平成○○年４月

なかよし幼稚園

ひよこぐみとあひるぐみ

春の遠足のお知らせ

遠足の日：○月○日（○）

年長さんの遠足は『こども動物園』にでかけます。ウサギやヤギなどの小動物たちとの触れ合いも体験します。お昼はみんなで手作りのお弁当を食べ、おやつには、自分でしぼったしぼりたてのミルクをいただきます。

8:45　園の前に集合
9:00　バスで出発
10:00　こども動物園に到着
歩いて園内を散策
途中、アスレチック公園で遊びます。
11:30　うさぎ広場で触れ合い
12:00　見晴らし台公園で　お弁当
13:00　子ヤギにミルクをあげる
13:30　乳しぼり体験
しぼったミルクをいただきます。
14:30　こども動物園を出発
15:15　園に到着

持ち物

動きやすい服装、歩きやすい靴、
お弁当、水筒、手ふき用ミニタオル

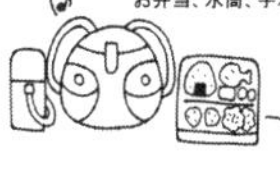

雨の場合

○月○日（○曜日）に延期し、
通常保育になります。
小雨が降っているなど、
判断が難しい場合は、
各クラス、連絡網にて
お知らせします。

P27-001

保護者の方々へ

平成○○年○○月○○日

チャイルド保育園園長○○○○

プール開きのお知らせ

むし暑い日が続いていますね。いよいよ今週からプール開きが始まります！
天気のいい日に、お友達と水で楽しく遊びましょう。

プール開き　○月○○日　○曜日

★用意する物(プールセット)

・ 水着（３、４、５歳クラス）
・ パンツ（１、２歳クラス）
※乳幼児クラスは、上半身はだかで遊びます。
※Tシャツ着用も可能です。
・ タオル（フェイスタオルやスポーツタオルの大きさ。
バスタオルは大きすぎて扱いにくいので）
・ ビニール袋（ぬれた水着を入れる）
★持ち物にはすべて、名前を記入してください。
★プール遊び・水遊びをした日は、すべて持ち帰って洗濯してください。

水遊びについてのお願い

●毎朝、プールカードに今日の健康状態を記入してください。
※「プール、シャワー、シャワーのみ、お休み」から
選んで○で囲んでください。
※毎朝必ず体温を計ってきてください。
●手足のつめは短くしてきてください
●病気にかかっているときは、入水は控えてください。
とびひや水いぼ、傷があるときは、医師の許可書を
事前にクラス担任に渡してください。

P27-002

保護者各位

平成○○年12月

なかよし幼稚園

もちつき大会

もうすぐ一年も終わり。たくさん行事があるので忙しい月になりそうです。今月最初のイベントは、毎年恒例の「もちつき大会」です。おもちがつきあがる過程を体験しながら、子どもも大人も日本の文化に親しみましょう。

日　程　○月○日（○）

内　容　お父さんと子どもたちがきねと臼を使って
昔ながらにおもちをつきます。
つきあがったおもちは、あんこ、きなこをつけて、
参加者全員でいただきます。
園児はつきたてのおもちを持ち帰ります。

持ち物　○空のお弁当箱
○はし（子どもと大人用）
○コップ（子どもと大人用）
○エプロン（子ども用、お手伝いする方は、
大人用もご持参ください）

もちつき
お父さん大募集！

「もちつき大会」で、
おもちをついてくれる
お父さんを募集しています。
時間：午前9：30～12：00
どの時間帯でも結構です。

P27-003

保護者各位

平成○○年10月

なかよし幼稚園

秋のおいも掘り

園のために特別に育ててくださったおいも畑で、いも掘りを行います。種類はベニアズマ。たいへん甘みが強く、おいしいおいもの種類です。

自分で収穫したおいもは、そのなかから「一番大きいおいも」と「大好きなおいも」2本を残して、あとはみんなで分け合います。

また、園で焼きいも、スイートポテト、いも煮会を楽しむために、教材用としても利用します。

日　時　●　10月22日（○）
＊　雨天の場合は25日（○）もしくは29日（○）を予定しております。

場　所　●　にこにこ農園　おいも畑

服　装　●
・体操服　カラーキャップ
・運動靴（長時間歩くのではきなれたものにしてください）
・ビニール袋や布の袋（掘ったおいもを入れるもの）

★登園時間は平常通りです（保育時間内に行います）。
当日の見学はご遠慮ください。
年少児は、帰りは園バスを使用します。

おいも掘り当番の方

当日は９時までに園に集合してください。
動きやすい服装でいらしてください。
体調や都合が悪くなった場合は、当日午前８時までに、幼稚園にご連絡ください。

P27-004

運動会
B5サイズ縦を想定

運動会のご案内

　　　　　　　　　様

時おり、さわやかな風が吹き、
秋の気配を感じさせる季節となりました。

さて、本園では、下記の日程でことしも秋の運動会を実施いたします。ぜひご臨席賜り、子どもたちの成長した姿をご覧いただくとともに、青空の下、ごいっしょに楽しい1日をお過ごしいただけたらと、ここにご案内申し上げます。

【日時】 平成〇〇年〇〇月〇日（〇曜日）
午前9時より午後2時30分まで
雨天の場合は〇日（〇曜日）に延期。
【場所】 大塚山小学校校庭

チャイルド幼稚園 園長 〇〇〇〇

ご来場
お待ちしています。

P28-001

運動会
B4サイズ横を想定

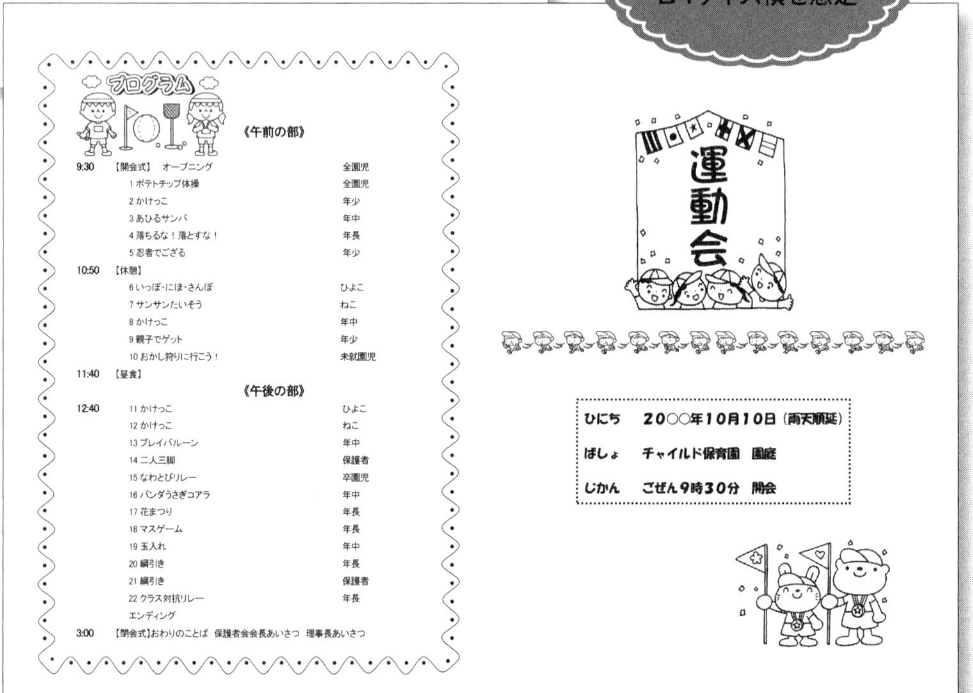

プログラム

《午前の部》

9:30	【開会式】 オープニング	全園児
	1 ポテトチップ体操	全園児
	2 かけっこ	年少
	3 あひるサンバ	年中
	4 落ちるな！落とすな！	年長
	5 忍者でござる	年少
10:50	【休憩】	
	6 いっぽ・にほ・さんぽ	ひよこ
	7 サンサンたいそう	ねこ
	8 かけっこ	年中
	9 親子でゲット	年少
	10 おかし狩りに行こう！	未就園児
11:40	【昼食】	

《午後の部》

12:40	11 かけっこ	ひよこ
	12 かけっこ	ねこ
	13 プレイバルーン	年中
	14 二人三脚	保護者
	15 なわとびリレー	卒園児
	16 パンダうさぎコアラ	年中
	17 花まつり	年長
	18 マスゲーム	年長
	19 玉入れ	年中
	20 綱引き	年長
	21 綱引き	保護者
	22 クラス対抗リレー	年長
	エンディング	
3:00	【閉会式】おわりのことば 保護者会会長あいさつ 理事長あいさつ	

運動会

ひにち　20〇〇年10月10日（雨天順延）
ばしょ　チャイルド保育園 園庭
じかん　ごぜん9時30分 開会

P28-002

プログラムの表紙にも使えます。

卒園式
A4サイズ縦を想定

平成○○年○月○○日

保護者の皆様

チャイルド幼稚園
園長　○○○○○

卒園式のご案内

寒さの中にも柔らかな春の陽光が感じられるようになり、皆様にはますますご清栄のこととお慶び申し上げます。

さて、この度、いるか組の107名の子ども達が本園の保育を終え、卒園式を迎えることとなりました。つきましては、平成○○年度第○○回卒園式を執り行います。

時節がら何かとご多用とは存じますが、卒園児に温かい励ましの拍手をいただければ幸いです。

記

日　時：平成○○年　○月○○日(○曜日)　午前9時30分開式
場　所：チャイルド幼稚園　小ホール
持ち物：手さげ袋（卒園証書、記念品などを入れます）
　　　　恐れ入りますが、保護者の方はスリッパと、靴を入れる
　　　　ビニール袋をご持参ください。

＊卒園生は、午前8時50分までにクラスまで来てください、
＊卒園生のご家族の方は午前9時10分までにホール受付までお越しください。
＊等園には駐車スペースがありませんので、
　できるだけバスか徒歩でおいでください。
＊在園生とそのご家族の方は午前9時20分までに、
　小ホールにお集りください。

P29-001

卒園式に合った
イラストを入れて
記念になるような
すてきなプログラムや
お知らせを
作りましょう。

卒園式
B4サイズ横を想定

～　卒園式プログラム　～

(開式:午前9時30分)

1．開式のことば
2．卒園児入場
3．園長のことば
4．「楽しかったね、大きくなったよ！」ビデオ上映
5．卒園児のお礼のことば「先生方へ」
6．卒園児のお礼のことば「お父さんお母さんへ」
7．在園児お祝いのことば
8．卒園児から在園児へのことば
9．卒園証書授与
10．卒園児お礼のことば
11．保護者会会長お祝いのことば
12．卒園児保護者代表謝辞
13．国歌斉唱
14．閉式のことば

平成○○年度
ちゃいるど園
卒園式

平成○○年○月○○日（○曜日）

P29-002

4月

楽しい行事
入園式／進級／歓迎会
懇談会／お花見
交通安全／健康診断
誕生会
生活、遊び
季節　飾りけい

楽しい行事

入園式

04-001

04-002

04-003

04-004

04-005

04-006

04-007

04-008

04-009

04-010

04-011

04-012

04-013

04-014

04-015

進級

進級
おめでとう

04-016

04-017

04-018

歓迎会

歓迎会

04-019

新入園児歓迎会

04-020

04-021

04-022

04-023

04-024

懇談会

懇談会の
お知らせ

04-025

04-026

くみ

04-027

お花見

04-028

04-029

04-030

04-031

交通安全

04-032

04-033

04-034

健康診断

04-035

04-036

04-037

04-038

おめでとう
04-039

04-040

しんちょう
cm
04-041

誕生会

たいじゅう
kg
04-042

生活、遊び

04-043

04-044

04-045

おはようございます
04-046

04-047

04-048

04-049

04-050

04-051

04-052

04-053

04-054

04-055

04-056

靴のサイズを
確認
しましょう
04-057

04-058

04-059

赤ちゃん

04-060

04-061

04-062

04-063

04-064

04-065

04-066

04-067

季節

04-068

04-069

04-070

04-071

04-072

04-073

04-074

飾りけい

04-075

04-076

04-077

04-078

04-079

04-080

04-081

04-082

04-083

04-084

04-085

04-086

タイトル文字

クラス
だより
04-087

4月の
予定
04-088

4月生まれ
のお友達
04-089

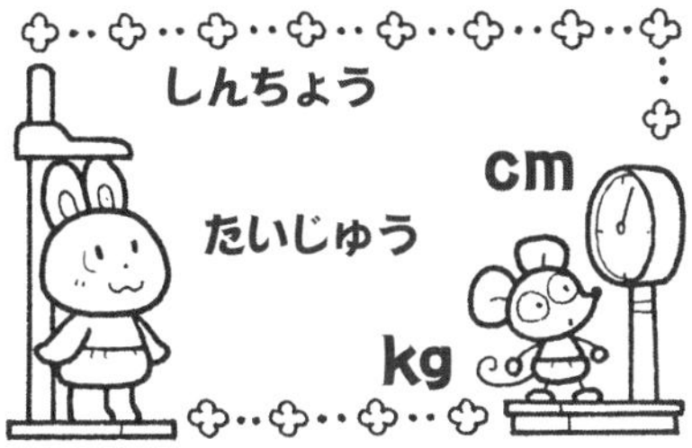
しんちょう
cm
たいじゅう
kg
04-090

お願い
04-091

お知らせ
04-092

組だより
04-093

組だより
04-094

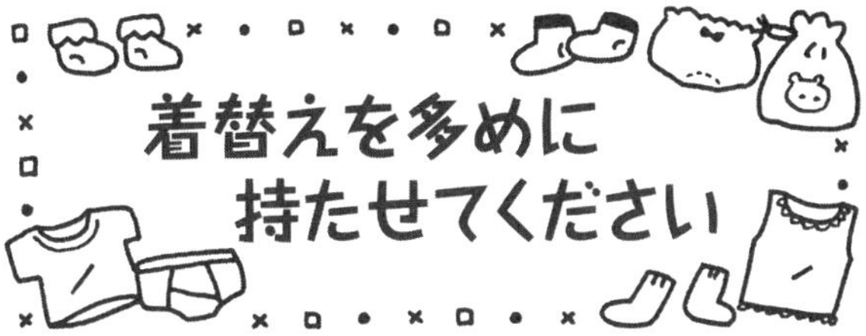
着替えを多めに
持たせてください
04-095

遠足のお知らせ
04-096

4月の歌
04-097

家庭訪問
04-098

担任の
です！
04-099

新バスコースのご案内
04-100

書き出し文例

4月のあいさつ

- 子どもたちの健やかな成長を喜ぶかのように、園庭の花の色、樹木の緑が、この春のうれしさを彩っています。喜び、うれしさ、期待、そしていくらかの不安、緊張も胸いっぱいに、子どもたちは新しい生活のスタートを切りました。
- サクラの若葉が美しくもえ始め、緑の風を感じる季節となりました。心はずむさわやかな日が続きます。
- 風に乗ってラベンダーの香りが通り過ぎていきます。「おや、どこからかしら⁉」春の風はすてきな発見を運んでくれます。

入園式・始業式

- あたたかくも厳しいご両親の愛のなかで育てられたお子さま方を、わたしたちもご両親に負けずに愛し、大切にお預かりさせていただこうと思います。
- 新しい名札に変わり、新しい友達を迎え、新しい生活が始まりました。みんなの顔が頼もしく見える年中組のスタートです。

誕生会

- 子どもたちにとって、1つ大きくなる誕生日は本当にうれしい日です。みんなでお祝いし、たくさんの拍手を贈りたいと思います。誕生会の日、「大きくなったらどんな人になりたいか」「どんなことがしたいか」をインタビューします。今、子どもたちはどんな理想を心に描いているのでしょう。楽しみです。

子どもの姿

- 入園式の翌日、担任の手を握って離さない子、泣き続ける子、動き回る子……。一方、期待をもって元気に登園してくる子など、さまざまな姿が見られました。
- 今、保育室では、ままごとが大人気‼ おもちゃのコップを並べて「はい！　どうぞ」とわたしに勧めてくれる子どもたちです。
- 進級して2週間。ちょっとかたい表情だった子どもたちも、今では普段着のような姿を見せてくれるようになりました。

家庭との連携

- 4月いっぱいは、お子さまに早く園やお友達に慣れてもらうために、おうちの方の参観はご遠慮ください。泣いたりするときも、担任に任せてお帰りになって大丈夫です。徐々に「おはよう」のあいさつが元気にできるよう楽しい園生活にしていきます。
- ご心配、ご不安、そのほかどんなことでもお気軽にご相談ください。お話を聞かせていただき、ともによりよい方向を考えていきたいと思います。

入園
おめでとうございます

　年少組のみなさん、ご入園おめでとうございます。きのうまではいつもお母さんと過ごしていたお子さんたちも、きょうからは○○園の仲間です。
　今朝、門をくぐった子どもたちが元気よく「おはようございます！」とあいさつをしてくれました。のびのびと元気な子どもたちといっしょに、これからいろいろな経験をしていくのが楽しみです。

04-101

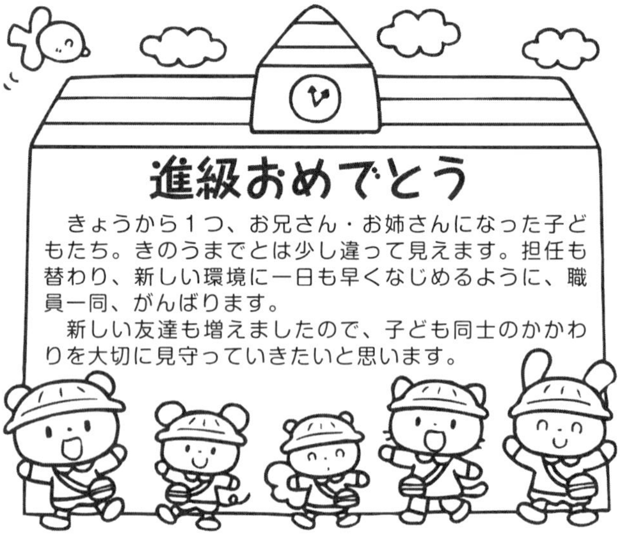

進級おめでとう

　きょうから1つ、お兄さん・お姉さんになった子どもたち。きのうまでとは少し違って見えます。担任も替わり、新しい環境に一日も早くなじめるように、職員一同、がんばります。
　新しい友達も増えましたので、子ども同士のかかわりを大切に見守っていきたいと思います。

04-103

内科検診があります

　新しいクラスになって初めての内科検診です。一人で着脱できる衣類で登園するよう、お願いいたします。
　今回の内科検診では、日ごろから心配なことや気になっていることがあれば、検診後、相談を受けることができます。相談したいことがある保護者の方は、事前にご連絡ください。

04-102

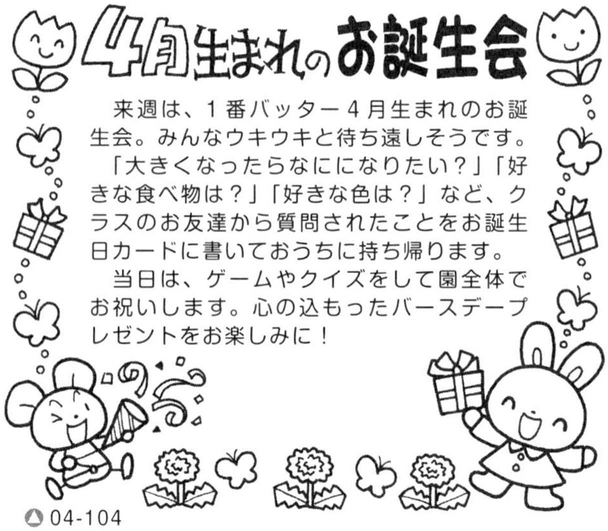

4月生まれのお誕生会

　来週は、1番バッター4月生まれのお誕生会。みんなウキウキと待ち遠しそうです。
　「大きくなったらなにになりたい？」「好きな食べ物は？」「好きな色は？」など、クラスのお友達から質問されたことをお誕生日カードに書いておうちに持ち帰ります。
　当日は、ゲームやクイズをして園全体でお祝いします。心の込もったバースデープレゼントをお楽しみに！

04-104

歯科検診がありました

「♪はをみがきましょう、シュッシュッシュッ」と元気な歌が聴こえます。先日、歯科検診を行ったところ、虫歯ゼロの子どもが大勢いました。ご家庭でしっかりと歯みがきをされているからだと思います。
園でも、給食後の歯みがきをしていきます。クラス全員が虫歯ゼロになることを目指したいと思います。

04-105

歯科検診

先日、歯科検診がありました。年長児は、歯医者さんに正しい磨き方を教えていただきました。
この時期は、乳歯から永久歯に生え変わります。健康な歯を作るために、ご家庭でもお子さんといっしょに歯みがきをして、正しい磨き方や歯の大切さを伝えるようにしてください。

04-106

身体測定があります

来週、身体測定があります。着脱が自分でできるように、着替えやすい衣服で登園するようお願いします。また衣服には名前の記入もお願いします。測定後、成長記録表をお渡しします。当日欠席の場合は、振り替え日に測定をします。どのくらい成長しているかが楽しみですね。

04-107

身体測定をしました

身体測定では、衣類の着脱に少々時間がかかったものの、ていねいにたためた子が多く感心しました。初めて測定を受けた子どもたちもいましたが、泣くこともなく、順番も守れました。後日、身体測定表をお渡しします。

04-108

懇談会があります

新しい環境になって、1か月がたちました。最初は泣いていた子も、毎日元気に園生活を楽しめるようになりました。保護者の皆様には、園でのお子さんの様子に、不安や心配などもおありと思います。来週には懇談会を予定しています。ぜひ日ごろの悩みなどをお聞かせください。

04-109

持ち物に名前を書こう

園では、入園・進級時に、お子さん一人ひとりのマークを決めています。靴箱やロッカーには、マークを見れば子どもに自分の所がわかるようにはってあります。持ち物には、名前はもちろん、横にマークも描いていただくと、子どもは自分の物だとよりわかりやすくなります。ご協力よろしくお願いします。

04-110

4月の子どもの姿

入園当初は泣いてばかりの乳児さんたちでしたが、日に日に笑顔が見られるようになりました。おもちゃで人気があるのは、クマさんのおきあがりこぼし。手で揺らすと「コロリンリン」と音が鳴り、倒してもおきあがる、昔ながらのおもちゃです。

04-111

4月の子どもの姿

新年度がスタートし、早1か月。子どもたちは新しいクラス、新しい友達、新しい先生に慣れて、毎日元気いっぱいに園庭を駆け抜けています。興味がどんどん膨らみ、お友達とぶつかり合うときもありますが、子どもたちの心を大切にし、ていねいな言葉かけをしていきたいと思います。

04-112

おはしの持ち方

スプーン、フォークからおはしへ移行するお子さんが見られるようになってきました。おはしは幼児期から持ち方を正しく覚えておけば、しっかりと定着します。またおはしの長さは、親指と人さし指の先を広げた1.5倍くらいを目安にしてください。正しくおはしを持って食事ができるようご家庭でも支援してください。

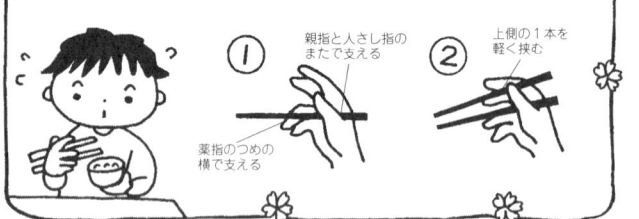

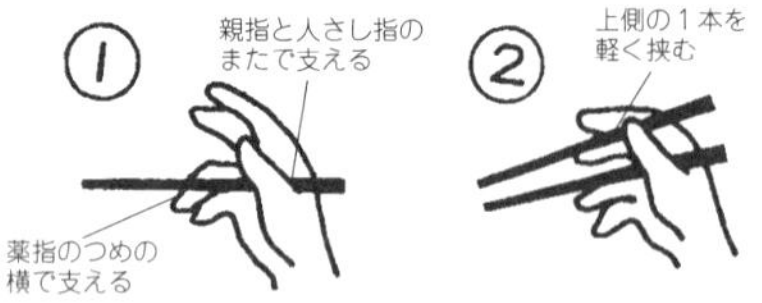
①
親指と人さし指のまたで支える
薬指のつめの横で支える
②
上側の１本を軽く挟む

04-113

五感体験

植えた苗の様子を観察したり、野菜のにおいをかいだり、肉がおいしそうに焼ける音を聞いたり。見る・かぐ・聞く・触る・味わうと五感をフルに使った体験は、食育の上でも大切です。園庭では野菜を育てています。土に直接触れたり、生長を観察したりすることで、子どもたちはさまざまな感覚を味わえるのではないかと、期待しています。

04-114

観察してみよう

昨年園庭に種をまいたイチゴが、そろそろかわいい真っ赤な実をつけ始めました。毎朝子どもたちは、イチゴ畑に来て「できているかな～?」と楽しみにしています。日ごろは、パックの中に入ったイチゴしか見たことがなかった子どもも、小さな実が緑色から赤色になる変化に気づき、興味深く観察している姿が見られます。

04-115

「いただきます」と「ごちそうさま」

給食が始まりました。この機会に、食事のあいさつと意味を伝えていこうと思います。

● 「いただきます」
　→食べるという意味だけでなく、動植物の命をいただくという意味もあります。

● 「ごちそうさま」
　→動植物の命を育てた人や、料理を作ってくれた人への感謝の気持ちを表す言葉。

食事のあいさつの意味を知ることで、食べ物を大切にする気持ちが育ってくれればと願っています。

04-116

クッキング保育

自分から進んで調理の手伝いをする子どもは、道具の使い方を知ったり、好き嫌いが減ったりして食事をすることが楽しくなったりするようです。

年長組でも来週からおやつ作りをします。包丁を使うときは、片方の手はネコの手に、火を使う周りでは静かにするなど、いっしょに作りながら注意点を知らせていき、クッキングに興味をもって取り組めるよう手助けをしたいと思います。

04-117

絵本で食育コミュニケーション

緑色の野菜が苦手なお子さんは多いようです。そこで『ジャックとまめのき』の絵本を読んでみました。力強くどんどん伸びていくマメの姿に、子どもたちからは「すごーい」と歓声が上がりました。絵本を読み終えてから、ゆでたソラマメを子どもたちに見せたところ「食べたい、食べたい」と大人気。絵本を通して少しでも苦手な食べ物を減らしていけたらと思っています。

04-118

保健・安全

手洗いの習慣をつけましょう!

集団で生活する園などでは、感染症が流行しやすくなります。手洗いをする習慣を身につけ、感染症の流行を防ぎましょう。しっかりと衛生習慣を身につけられるよう、ご家庭でも指導をお願いします。

●手洗いの仕方●

①せっけんをつける ②手のひらを洗う ③手の甲を洗う ④指の間を洗う ⑤指先を洗う ⑥手首を洗う ⑦流水でよく洗い流す

04-119

早寝・早起き・朝ごはん

子どもの成長には、十分な睡眠が必要です。夜の睡眠中に成長ホルモンが分泌され、1日の疲れが回復します。夜8時台に寝て、朝6時台に目覚めるようにするのが理想的です。また朝ごはんを食べると、体温が上がって脳も働き出し、活動の準備が整います。朝食をしっかり食べて元気に1日をスタートしましょう。

04-122

朝ウンチのリズムをつけよう

便秘になるとおなかがはって食欲が落ちたり、おなかが痛くなったりすることもあります。排便は健康のバロメーター。毎朝排便するように日ごろから以下の点に気をつけましょう。

●朝食後にトイレに行く習慣をつける。
●好き嫌いなく、食物繊維の多い野菜を食べる。
●外で元気に遊び、腸の働きを活発にする。

04-120

毎朝の元気チェック

毎朝、登園前に健康観察をしましょう。一日を元気に過ごすために、おうちで気になることがあれば、お知らせください。

●せき・鼻水・便の状態に変わりはありませんか?
●熱・目の充血・湿疹などの症状はありませんか?
●顔色・機嫌はよいですか?
●朝ごはんはしっかり食べましたか?
●昨夜は、よく眠っていましたか?

04-123

はしかが流行しています

●主な症状●

最初は、かぜのような症状。熱はいったん下がり、その後再び高熱が出て全身に発疹が現れる。潜伏期間は10～12日。飛沫感染。

症状が出たら、医師の診断を受けて、感染した場合、解熱後3日経過し、医師の許可が出るまで登園停止となります。

04-121

風疹がはやっています

●主な症状●

全身に赤い発疹が出て、熱が出る場合は1～2日で下がり、発疹は3～4日で治る。首や耳の後ろのリンパ節が腫れるのが特徴。3日ばしかともいわれ、症状は軽いが、妊娠中の感染は胎児に影響が出る可能性があるので、流行中は大人も注意が必要。潜伏期間は2～3週間。飛沫感染。

子どもの全身状態を見て疑わしい症状があれば、登園前に医師の診断を受けてください。医師の許可が出たら登園しましょう。

04-124

イラストと
おたより文例

5月

楽しい行事
こどもの日／母の日
春の遠足／春の運動会
身体測定／交通安全
誕生会
生活、遊び
季節　飾りけい

楽しい行事

こどもの日

05-001

05-002

05-003

05-004

05-005

05-006

05-007

05-008

05-009

母の日

05-010

05-011

05-012

05-013

05-014

05-015

春の遠足

05-016

05-017

春の遠足（つづき）

05-018

05-019

05-020

05-021

春の運動会

05-022

05-023

05-024

05-025

身体測定

05-026

05-027

05-028

05-029

交通安全

05-030

05-031

05-032

05-033

05-034

05-035

05-036

誕生会

05-037

生活、遊び

05-038

05-039

05-040

05-041

05-042

05-043

05-044

05-045

05-046

05-047

05-048

赤ちゃん

05-049

05-050

05-051

05-052

05-053

05-054

05-055

05-056

季節

05-057

05-058

05-059

05-060

05-061

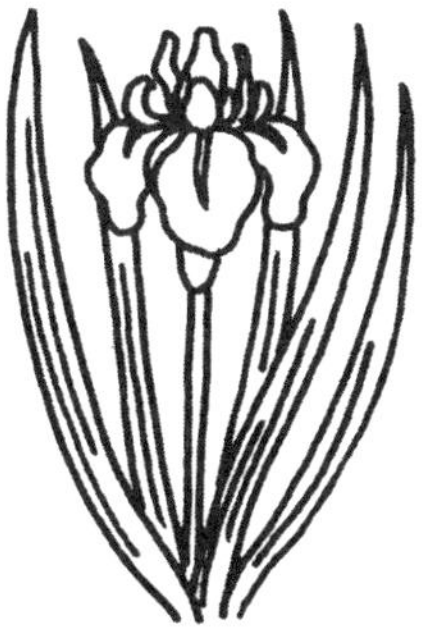

05-062

05-063

飾りけい

05-064

05-065

05-066

05-067

05-068

05-069

05-070

05-071

05-072

05-073

05-074

05-075

タイトル文字

クラスだより

05-076

5月の歌

05-077

母の日

05-078

5月の予定

05-079

お知らせ

05-080

5月生まれ
のお友達

05-081

おえかきちょう
持ち物に
名前を
書いてください

05-082

交通安全

05-083

身体測定

05-084

組だより

05-085

こどもの日

05-086

遠足のお知らせ
BUS

05-087

運動会

05-088

つめを
切りましょう

05-089

書き出し文例

5月のあいさつ

- 若葉の香りを運んでくる風が、タンポポの綿毛を飛ばします。
- 新しい芽がもえ、若葉となるこの時期は、わたしたちまでもが心伸びやかに、なにかが始まる予感にワクワクするときです。

子どもの姿

- 園生活のリズムに大分慣れ、子どもたちの表情に笑顔や余裕が出てきました。園中に子どもたちの笑い声が響きます。
- 新しいクラスの友達の顔と名前がわかり、互いに名前を呼び合ったり、誘い合って、うれしそうに遊びが始まります。
- 友達のなかで自己主張できるようになるとともにトラブルも見られるようになりました。子どもたちは、そんななかで、友達に「言ってはいけないこと」「してはいけないこと」…多くのことをくみ取りながら、自分らしい判断基準を作っていくことでしょう。
- 連休中の家族との経験を、われ先に保育者に話し始める子どもたち。大騒ぎのなか楽しかった気持ちが伝わってきます。

母の日

- 子どもたちがおうちの方へ「ありがとう」の気持ちを込めてプレゼントを作りました。お金を出して買うものではなく、子どもたち自身が自分の力で作りだしたものです。今、自分にできる精いっぱいの力で、プレゼントをすることは、これから先、大きくなっても、大切にしていってほしいものです。
- おうちの人の顔を思い浮かべながら、「喜んでくれるかな？」「気に入ってくれるかな？」「ママは、この色が大好きなんだ」と、ちょっとどきどきしながらプレゼントを作りました。母の日に、おうちの人を驚かせようと、今はないしょにしています。当日は、ぜひ、最高の笑顔で喜びを伝えてあげてください。

遠足

- 昼食はサクラの木陰で友達もいっしょ。おしゃべりをしたりお菓子を交換したり、いつもの園では味わえない解放感のなかで友達との交流、おうちの方同士の親ぼくが深められました。

家庭との連携

- 月刊絵本は園で教材として使用したあと月末に持ち帰ります。おうちでもごいっしょにお楽しみください。絵本はなん度読んでもよいものです。１回１回読むたびに、感じるもの、受け取る内容が変化していきます。

園外保育に出かけるよ

来週は幼児クラスで近くの公園に行く予定です。公園のチューリップやタンポポも満開の時期。チョウチョウを追いかけたり、タンポポで草花遊びをしたりして、自然のなかで思い切り遊びたいと思っています。詳しくは後日またお知らせします。

05-090

春の遠足

遠足に行ってきました。公園では風が吹くたびに花びらが散り、子どもたちはその花びらをかき集めてはシャワーのようにして遊んでいました。複合遊具にも、子どもたちは興味津々。なん度も挑戦したり、友達同士助け合ったりする場面が見られました。

05-092

母の日

もうすぐ母の日。
子どもたちにおうちの人のことを聞いたら、たくさんの心温まるお話を聞くことができました。大切に育ててもらっているということを、子どもたちも十分に感じているようです。その感謝の気持ちを表すために、子どもたちからプレゼントを贈ります。ぜひ楽しみにお待ちください。

05-091

いよいよ運動会

もうすぐ運動会。競技の練習もあとわずかとなりました。おうちの人にがんばっている姿を見てもらうため、子どもたちは汗をかきながら練習しています。年長組にとっては、園生活最後の運動会です。このところ園庭からは「もう少し足を開いて！」「ふんばって！」と友達同士励まし合いながら練習している声が聞こえます。当日は応援をよろしくお願いします。

05-093

運動会がんばったよ！

運動会のご参観ありがとうございました。かけっこで、負けてくやしかった子も、勝ってうれしかった子も、それぞれ一人ひとりのよい思い出になったようです。

運動会をきっかけに変化したことがあります。それはクラスが一致団結したこと。友達を助けたり、自分から積極的に声をかけたりできるようになりました。

05-094

5月生まれのお誕生会

「5月生まれのお誕生会は、大きなこいのぼりの下でやりたい！」という子どもたちの意見で、毎月末に予定している誕生会を、急きょ月の始めに行うことにしました。

青空の下で気持ちのよいお誕生会になると思います。子どもたちも園庭ということで大はしゃぎ。こいのぼりのように大きくすくすくと育ってほしいと願っています。

05-095

5月の子どもの姿

5月に入り、すがすがしい青空に子どもたちの声が響きます。毎日のように友達とぶつかり合ってはけんかをしていたのが、このごろでは少しずつ相手のこともわかるようになってきました。当番活動も一人ひとりが責任をもってやってくれています。「これはぼくがやるよ」とか「先生お手伝いするよ」と自分から積極的に声をかけてくれ、頼もしい限りです。

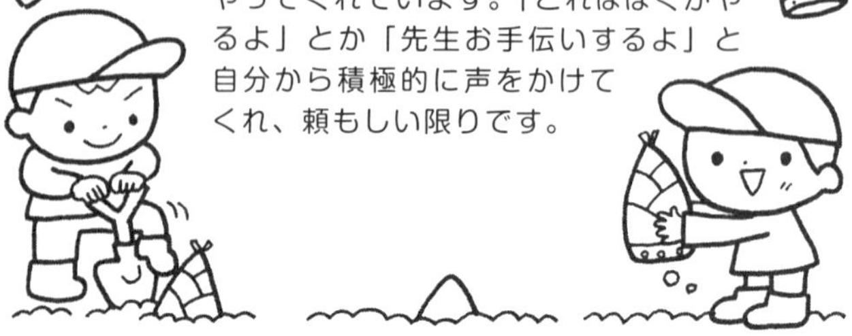

05-096

サツマイモの苗植え

子どもたちの大好きなサツマイモの苗を植えました。「焼きいも、大学いも、スイートポテト、サツマイモごはんを作りたい！」と、子どもたちは今から生長を楽しみにしています。水やり当番も子どもたちからの提案で自分たちでやることに決めました。秋の収穫に向けて大切に育てたいと思います。

05-097

こどもの日

5月5日は「こどもの日」。昔は男の子のお祝いの日でしたが、今は男女問わず子どもの成長をお祝いする日とされています。ショウブを頭に巻いて厄払いをしたり、ショウブ湯に入ったり、かしわもちやちまきを食べて健康を願います。こどもの日には、ぜひご家庭でも、昔ながらの行事を経験してみてはいかがでしょうか。

05-098

お弁当が始まりました

今週からお弁当が始まりました。年少児にとっては初めてのお弁当。登園してくると「先生きょうね、から揚げ入っているよ」「わたしのお弁当はオムライスだよ」と楽しみにしています。この時期は、全部食べられた、という満足感が大切です。残さず食べきれるよう、少し少なめがよいかもしれません。

05-099

給食が始まります

来週から給食が始まります。先日の家庭訪問で、アレルギーがあるお子さんについてはお聞きしていますので、給食でも配慮しています。また、乳児さんは、手づかみになるかと思いますが、一人ひとりの様子を見ながら、食べられる子は徐々にスプーンとフォークに移行していきたいと思います。

05-100

食育

お弁当は見た目もバランスよく！

「先生！　わたしのお弁当きれいなお花だよ」と見せてくれた女の子。彩り豊かで、とてもおいしそうでした。嫌いな物も小さくしたり、型抜きをしたり、見た目を楽しくすることで、喜んで食べることもあります。苦手な物を一つでも減らしていけるとよいですね。

05-101

よくかんで食べよう

給食の時間を楽しみにしている子どもたち。自分の前に給食が並ぶと「モグモグ」と言って口をよく動かします。あごの骨をしっかり動かして食事をすると、脳の働きもよくなるといわれています。

またよくかむことは、歯並びにも影響します。園では、保育者もいっしょに「よくかんで食べようね」と言いながら食事をしています。ぜひご家庭でも「よくかむ」ことを意識して食事をさせてください。

05-102

栄養バランスについて

食事は、大きく「赤」「黄」「緑」の３つに分類されます。「赤」は肉や魚などのたんぱく質で血や肉となり、体を作るもとになります。「黄」はごはんやパンなどで、体を動かすもとになります。「緑」はホウレンソウやトマト、ニンジン、キノコなど、体の調子を整えて病気になりにくくする働きがあります。偏った食事は病気の原因になりますから、ご家庭でも、この「赤」「黄」「緑」のバランスに注意して、食事の準備をしてください。

05-103

保健・安全

紫外線対策

紫外線は長時間浴びると日焼けして肌を痛めます。また、遺伝子を傷つけたり、免疫力が低下したりします。海水浴・戸外でスポーツをするときなどは、紫外線対策をしっかりしましょう。紫外線は７～８月がピークとなります。

●戸外に出るときの注意●

・つばの広い帽子をかぶる。
・日陰を選んで歩く。
・袖のある衣類を着る。
・日焼け止めを上手に使う。

05-104

ぎょう虫検査があります

就寝時、肛門周囲に卵を産みつけるぎょう虫。かゆみが、睡眠不足やイライラなどを引き起こします。検査は２日間、起床後排便前に行ってください。家庭内での感染が多いため、予防や駆除剤の服用は、ご家族全員でお願いします。

●予防●

つめをこまめに切る。
入浴・下着の交換を毎日する。
手洗い・うがいをする。
シーツや布団を日光に当てる。

05-105

百日ぜき

感染症なので、主な症状が見られたら医師の診断を受けてください。特有のせきが治り、医師の許可が出るまでお休みをしてください。

●主な症状●

くしゃみ・鼻水・せきなどの症状が見られて１～２週間でせきが激しくなり、せき込むようになる。せきは３か月くらい続く。潜伏期間は１～２週間。飛沫感染。

05-106

6月

楽しい行事
- 父の日／時の記念日
- プール開き／保育参観
- 歯科検診／衣がえ
- 誕生会

生活、遊び

季節　飾りけい

楽しい行事

父の日

06-001

06-002

06-003

06-004

06-005

時の記念日

06-006

06-007

06-008

06-009

06-010

プール開き

06-011

06-012

06-013

06-014

06-015

6月

06-016

06-017

06-018

保育参観

06-019

06-020

歯科検診

06-021

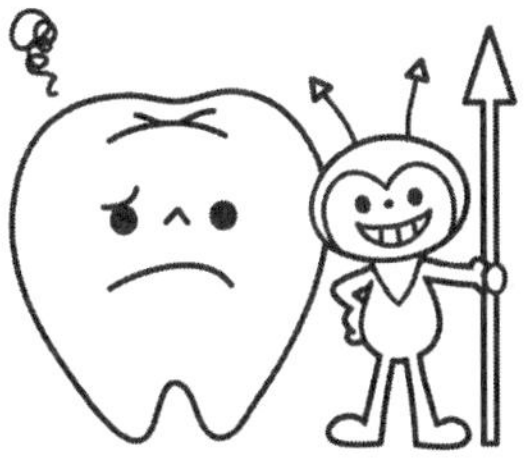

06-022

06-023

06-024

06-025

06-026

衣がえ

06-027

06-028

06-029

誕生会

06-030

06-031

06-032

06-033

生活、遊び

06-034

06-035

06-036

06-037

06-038

06-039

06-040

06-041

06-042

06-043

赤ちゃん

06-044

06-045

06-046

06-047

06-048

06-049

06-050

季節

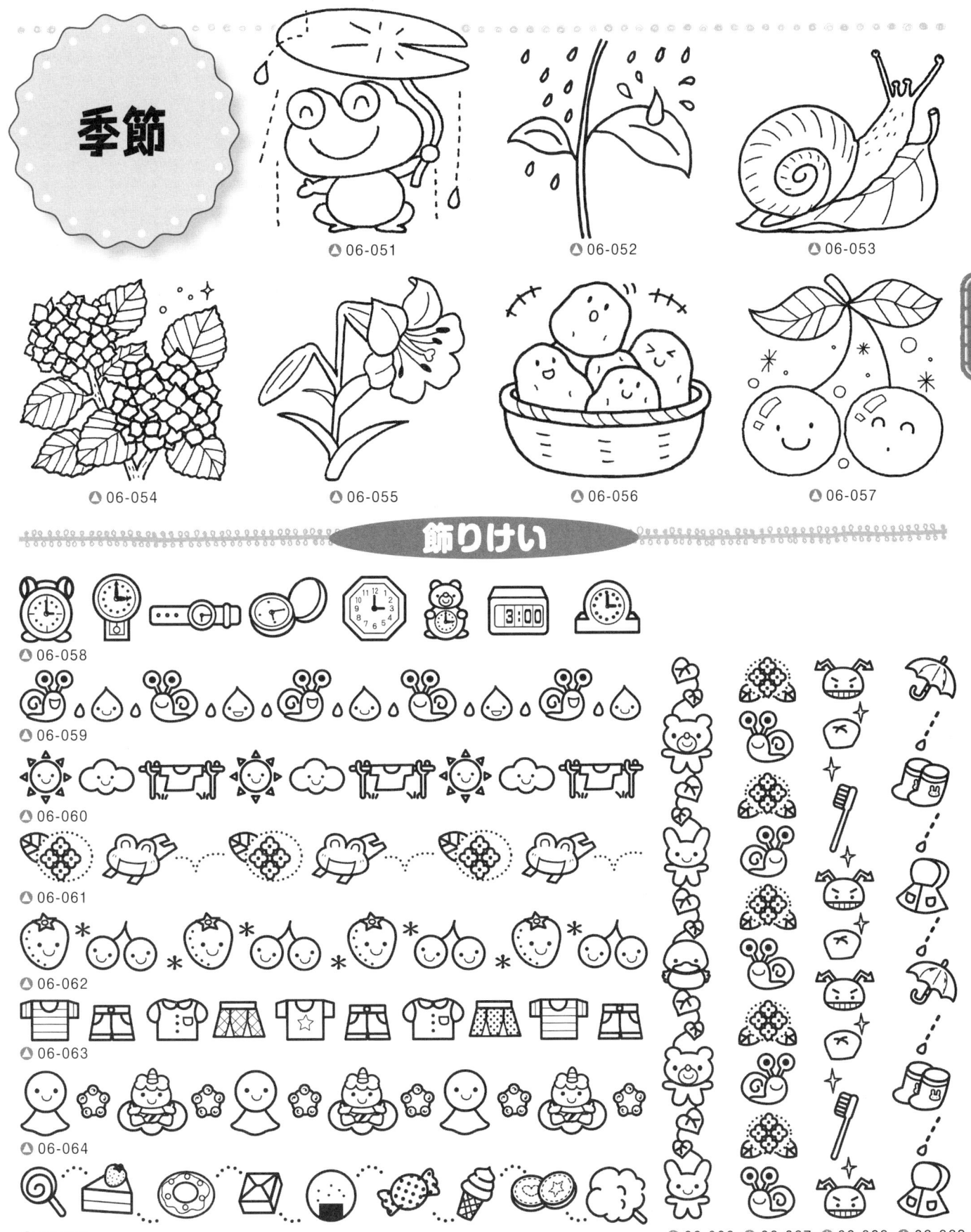

06-051

06-052

06-053

6月

06-054

06-055

06-056

06-057

飾りけい

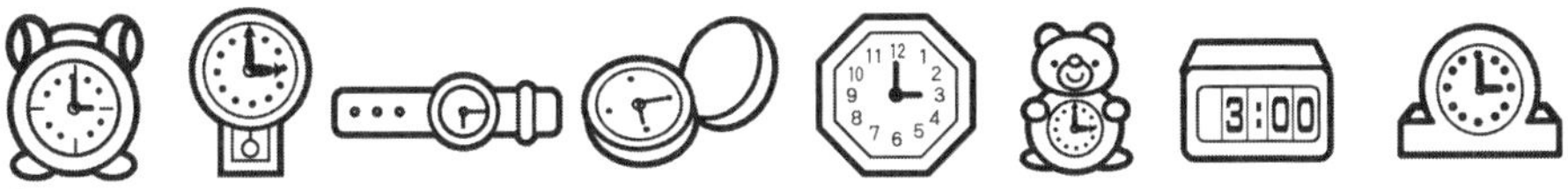
06-058

06-059

06-060

06-061

06-062

06-063

06-064

06-065

06-066

06-067

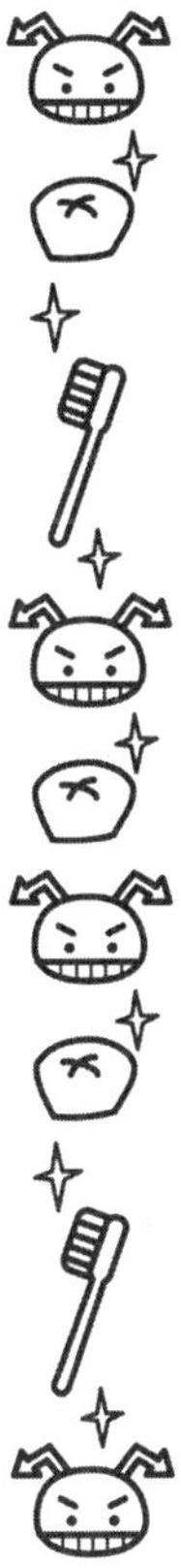
06-068

06-069

タイトル文字

クラスだより

06-070

歯科検診

06-071

6月の歌

06-072

6月生まれの
お友達

06-073

時の記念日

06-074

保護者参観

06-075

組だより

06-076

6月の予定

06-077

着替えを多めに
持たせてください

06-078

衣がえ

06-079

お弁当

06-080

お車の利用はご遠慮ください

06-081

お知らせ

06-082

書き出し文例

6月のあいさつ

- じりじりと真夏のような太陽が出るかと思えば、肌寒く冷たい雨の日も……。6月のお天気は気まぐれですね。
- 雨上がりの園庭に、子どもたちの歓声が響きます。お日様を待っていた子どもたちのエネルギーが、いっせいに放たれるようです。
- 園庭や公園の緑もすっかり濃くなり、涼しい木陰を提供してくれるようになりました。汗だくになった体には心地よい場所です。

子どもの姿

- 園庭の砂場は、にぎやかなケーキやさん。美しい形のプリン作りが得意のA君、いつも砂場へまっしぐら。いつの間にかお友達がいっぱい集まってきます。
- 「いっしょに食べようね」「うん！」お弁当の席を約束する姿がうれしそうです。大好きなお友達ができて一段と園が楽しくなりました。
- 泣いている友達に「どうしたの？」「大丈夫？」とまず優しく声をかけ、頭をなでたり涙をふいてあげたり……。そんな姿にクラスの仲間意識がうかがえます。
- 自分のやりたいことがはっきりしてきたのか、小さなもめ事が多くなってきました。そんななか、友達に関心を示し仲裁に入る姿は頼もしい限りです。
- 水遊びや鬼ごっこなどみんなでいっしょに楽しむ遊びが盛んです。友達関係が広がり、今までとは違った友達と遊ぶ姿が見られるようになりました。

保育参観

- 園での子どもの生活を、おうちの方に見ていただき、普段家庭では見られない集団のなかでの姿から、お子さまへの理解を深めていただくことがねらいです。
- 参観の日、子どもたちのパワーはまだまだ70％くらいでした。普段にない緊張した顔を見るとわたしも凍りつきそうでした（一番緊張していたのは先生です）。

家庭との連携

- 水に触れるだけですてきな笑顔を見せる子どもたち。水は子どもたちの心を解放してくれる大切な友達です。
- 「心の底から楽しいと思える経験」は、今どんどん発達を続ける「脳」の「楽しさを感じる回路」を豊かに育てるのだそうです。そしてそのように育った子どもは悲しいことやつらいことにこだわらず、前向きに楽しさを見つけていくことができるようになります。わたしたちの子どももそんなふうに成長していってほしいですね。

衣がえ

6月1日から夏服に衣がえです。梅雨に入るため、蒸し暑くなり、子どもたちは汗をよくかきます。汗をかいたときに着替えるため、夏服は2枚用意してください。

また夏服はボタンが多いため、年少児は着替えに時間がかかりますが、着脱については、園の方でも、ゆっくり見守りたいと思います。ご家庭でもボタンかけの練習をお願いいたします。

06-083

6月のお誕生会

来週は、6月のお誕生会。今回はプールでお誕生会を行います。年長児は場所を変えてみるだけで、気持ちも晴れやかになるようです。今回お誕生日のプレゼントとして、クラスで考えたシンクロごっこを披露したいと思います。プールの時間、練習に励んでいる年長組です。

06-084

歯と口の健康週間

6月4日から6月10日までは歯と口の健康週間です。先日の歯科検診では虫歯のある子どもが多く見られましたが、歯医者さんから正しい歯の磨き方を指導していただき「家でもきちんと磨いているよ」と報告してくれる子どもたちも多く、安心しました。

給食後には、友達とお互い向き合って歯みがきをし、歯と歯の間に食べ物が挟まっていないか確認し合ったりすることもあります。今後も折りに触れ、歯みがきについて話していくつもりです。

06-085

父の日

父の日にちなんで、みんなでおうちの人のことを話し合いました。どんなところが好きか聞くと、「いつも遊んでくれる」「お風呂にいっしょに入って洗ってくれる」「本を読んでくれる」などなど楽しい自慢大会になりました。なかには「おならが大きい！」など、ゆかいなお話もありました。

06-086

保育参観

来週の日曜日、園庭を使った保育参観があります。日ごろお子さんがどんなふうに過ごしているのかを見ていただくとともに、粘土作りに参加してもらったり、ゲームや運動遊びをする予定です。当日ご都合のつかない保護者の方は、前日までにお知らせください。

06-087

実習生が来ます!

来週から各クラスに1名ずつ、実習生が入ります。当園では毎年この時期、実習生を受け入れています。子どもたちはお兄さん・お姉さん先生を楽しみにしています。未来を担う保育者が育つよう、わたしたち職員もバックアップしていきたいと思います。なにかお気づきの点がありましたら、いつでもお話しください。

06-088

プール開き

「先生プールまだ？」と毎日のように尋ねる子どもたち。待ちに待ったプール開きがいよいよ来週となりました。初日はヨーヨー釣りや、スーパーボールすくいを予定しています。毎朝必ず体温を測り、プールカードに記入して持たせてください。

06-089

時の記念日

どのクラスからも「♪コチコチカッチンおとけいさん」と歌声が聞こえてきます。6月10日は時の記念日です。年長児には「時間」を意識づけるために、保育が始まる時間や、終わる時間を必ず伝えています。また、腹時計の話もして、生活には時間というものが大切だということを伝えていきます。

06-090

実習生が来ました

きのうまで実習生が入ってくれていました。最初は戸惑いを感じて泣いている子どももいましたが、離乳食を食べさせてもらったり、おむつを替えてもらったりするなかで、だんだん慣れていき、実習が終わるころには、親しみをもって接していました。

06-091

6月の子どもの姿

春に園外保育で見つけたオタマジャクシが、今月カエルに成長しました。初めて育てた子どもが多く、オタマジャクシの尾がどんどん短くなっていくさまに子どもたちは興味津々でした。

また今月は友達とのけんかも見られました。解決するなかで、お互いの思いをうまく引き出し、相手を思いやる気持ちを少しずつ育てていきたいと思います。

06-092

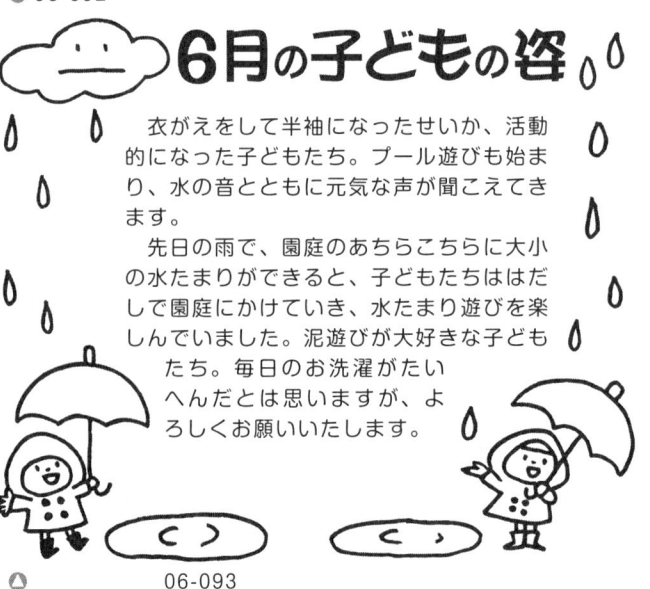

6月の子どもの姿

衣がえをして半袖になったせいか、活動的になった子どもたち。プール遊びも始まり、水の音とともに元気な声が聞こえてきます。

先日の雨で、園庭のあちらこちらに大小の水たまりができると、子どもたちははだしで園庭にかけていき、水たまり遊びを楽しんでいました。泥遊びが大好きな子どもたち。毎日のお洗濯がたいへんだとは思いますが、よろしくお願いいたします。

06-093

食中毒に注意！

この時期、食中毒のニュースがよく聞かれます。お弁当を傷みにくくするくふうとして、火を必ず通すことや、冷めてからふたをする方法などがあります。

園でも、トイレのあとや園庭から帰ってきたとき、必ず手洗いをするよう声かけしています。ご家庭で、下痢や発熱など、お子さんの体の調子が悪くなった場合は、お早めにご連絡ください。

06-094

遊び食べ

先日、幼児クラスと乳児クラスと合同で、給食を食べました。乳児クラスの子どもが、立ち歩きながら給食を食べていたところ、年長組のお兄さんがすぐにかけ寄り「○○ちゃん、食べるときはちゃんといすに座って食べるんだよ」と優しく手を引いてくれました。普段大人が注意してもなかなか座って食べられなかった子どもも、やはりお兄ちゃん先生だと素直に聞けるようです。最後まで座って食べ、ごちそうさまができました。

06-095

食品添加物について

忙しいとき、できあいの食事は便利ですが、心配なのは添加物。今の時代、食品添加物をまったく口にしないことは難しいかもしれませんが、添加物のなかにはあまり体によくないといわれているものもあります。できるだけ子どもの口には入れたくないもの。手作りのよさは、味付けや材料を変えられること。お忙しい保護者の方も多いと思いますが、一品だけでも手作りするなど、くふうしてみてはいかがでしょう。

06-096

リンゴ病がはやっています

●主な症状●

ほお、胸、おしり、太ももなどに赤い発疹が出て、ほおがリンゴのように赤くなる。痛みやかゆみを伴うことも。2～3週間で治る。大人も妊娠初期の感染には注意が必要。潜伏期間は1～2週間。主に飛沫感染。

全身状態がよく、医師の許可が出たら登園しましょう。

06-097

アタマジラミ

髪の毛に寄生するアタマジラミ。接触するとうつります。成虫は動きが速いので見つけにくいのですが、卵（0.5mmくらいで白色）を探せば、寄生がわかります。吸血されるとかゆくなるのが特徴。髪の毛に残っていたら、くしや指でしごいて取り除き、寝具や衣類は熱湯消毒してから洗いましょう。つめを切り、よく手を洗うことも大切。タオル・くし・帽子などを共有しないようにしましょう。

06-098

夏かぜに注意しましょう

夏に流行するかぜには、ヘルパンギーナ・プール熱・手足口病などがあります。特徴はのどが赤く腫れる、高熱が出る、目やにが出る、下痢をする、発疹ができるなどです。病気にかかっても重症化しないようにするためには、日常的に睡眠と栄養を十分にとり、健康的な生活を送りながら体力を蓄えておくことが大切になります。また、手洗いとうがいを忘れずに続けましょう。

06-099

イラストと
おたより文例

7月

楽しい行事
七夕
プール・水遊び
夕涼み会／誕生会
生活、遊び
季節　飾りけい

楽しい行事

七夕

07-001

07-002

07-003

07-004

07-005

07-006

07-007

07-008

プール・水遊び

07-009

07-010

07-011

07-012

プール・水遊び（つづき）

07-013

07-014

夕涼み会

07-015

07-016

07-017

07-018

07-019

07-020

07-021

07-022

誕生会

07-023

07-024

07-025

07-026

生活、遊び

07-027

07-028

07-029

07-030

07-031

07-032

07-033

07-034

07-035

赤ちゃん

07-036

07-037

07-038

07-039

07-040

07-041

07-042

季節

07-043

07-044

07-045

07-046

07-047

07-048

飾りけい

07-049

07-050

07-051

07-052

07-053

07-054

07-055

07-056

07-057

07-058

07-059

07-060

タイトル文字

クラスだより

07-061

7月生まれのお友達

07-062

園開放

07-063

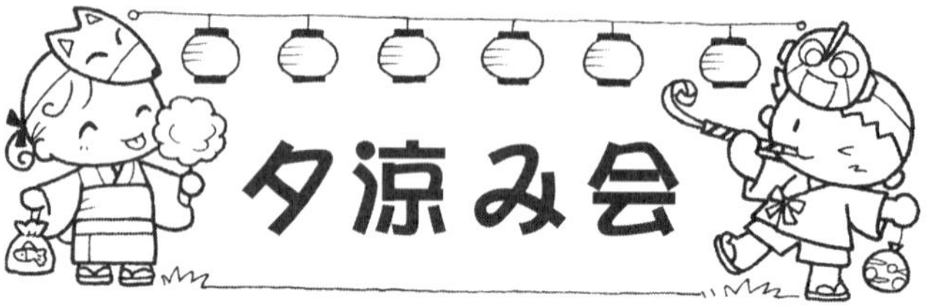
夕涼み会

07-064

夏休み

07-065

7月

07-066

お知らせ

07-067

7月の予定

07-068

お知らせ

07-069

組だより

07-070

けがに
注意!

07-071

お願い

07-072

7月の歌

07-073

お約束

07-074

書き出し文例

7月のあいさつ

- ヒマワリの花が、太陽に向かって大きく背伸びを始めました。いよいよ夏っ子の登場です。ヤッホッホッ夏休み！
- プール遊びに盆踊り、夕涼み会など、楽しい夏期保育が計画されています。ぜひみなさんの元気な顔を見せにいらしてください。
- キョウチクトウの花が、天に向かって真っ赤に咲き始めました。熱い太陽、真っ白な入道雲によく似合います。

七夕

- 七夕には「自分ががんばって上達すること」などを祈ります。「こんなことができるように！」「こんなことが上手になるように！」と、自分の力を信じて努力することを誓います。

子どもの姿

- 雨の日はレインコートを着るのに四苦八苦。裏返ってしまった袖を表に引っぱり出すのが意外に難しいようです。おうちでもやってみてください。
- 遊びのなかで小さなトラブルが多くなってきています。でもそれは、友達との信頼のなかで安心して自分の思いをぶつけることができるからでしょう。
- プールや水遊びが多くなり、衣服の着脱の機会が増えてきました。すっかり自分でできる年中組さんですが、そのあとには靴下の迷子が……。「おうちに帰りたいなー」そんな声が聞こえてきそうです。
- 今○○組の子どもたちは「逆上がり」に燃えています。なん度も繰り返し練習して、成功を喜び合う仲間、逆にできなくて悔し涙を見せたり、友達を励ましたりする姿。子どもの世界の優しさ、粘り強いたくましさがわたしたちにもエネルギーを与えてくれます。

夏休み

- 真夏の太陽がじりじりと肌をこがします。子どもたちの間では、海へ！　山へ！　と、夏休みの楽しい計画がにぎやかに話題となっています。

家庭との連携

- 家族の方と話し合って「お手伝い」を決めましょう。長い休みの間、子どもに目標をもたせていきたいと思います。そして毎日続けてがんばってみてください。大切な家族の一員としての存在感や、責任感もはぐくまれます。
- 子どもたちは水遊びが大好き。ただし楽しさの分だけ怖さも伴います。十分注意して事故のない楽しい夏休みにしてください。

もうすぐ
七夕
園で七夕の飾りを作ります。はさみの使い方も上手になってきたので、折り紙や画用紙を自分で切り、織姫と彦星を作る予定です。「この画用紙とこの色紙にする！」と好きな色を決めている子も多いようです。
短冊に書く願い事を聞いてみると「サッカー選手になりたい」「ダンスが上手になりたい」とたくさんの夢が聞けました。

07-075

夏祭り
夏休み中、園庭で盆踊り大会があります。焼きそば、金魚すくい、ヨーヨー釣りなど、子どもたちの喜ぶお店もたくさん登場する予定です。保護者の方のご協力でここまでできるようになりました。ありがとうございます。
また盆踊りは園でも踊っていますが、盆踊りの曲のテープをご希望される方がいらっしゃいましたら、担任までお知らせください。

07-077

もうすぐ夏休み
明日からいよいよ夏休みが始まります。きょう、子どもたちと部屋の掃除をしました。ぞうきんのしぼり方や掃除の仕方も、さすが年長さんといえるほどさまになってきました。
自分たちの机やいすに向かって「9月になったらまた会おうね」と言いながらふきました。
2学期には、けがもなく元気な子どもたちに会えることを楽しみにしています。

07-076

7月のお誕生会
7月のお誕生会は、七夕の日に行いました。子どもたちが作った笹飾りの下で、楽しい時間となりました。園庭での、解放感があるお誕生会だったこともあり、お誕生日を迎えた子どもたちは、終始笑顔でした。
職員からのプレゼントは、七夕劇。先生方の熱演に、子どもたちは飽きることなく最後まで楽しめたようです。

07-078

夕涼み会

毎年恒例の夕涼み会があります。子どもたちの一番の楽しみは「おばけ屋敷」。この日のために、職員一同、くふうを凝らしました。さあ、どんなおばけが出てくるのでしょう。ぜひ保護者の皆様もお子さんといっしょに体験してみてください。

暑い夜が寒〜くなりますよ。

07-079

7月の子どもの姿

プールが始まり、真っ黒に日焼けした子どもたち。制服の色がとても目立ちます。7月は七夕もあり、1つの願い事だけでは足りないと、2枚も3枚も短冊を書いていた子どももいました。乳児は、お座りができなかった子ができるようになったり、はいはいからつかまり立ちをするお子さんも増えています。各クラスの子どもたちの成長がキラキラと輝いてまぶしいくらいです。

07-080

夏休みのお知らせ

7月20日から8月31日まで、夏休みとなります。子どもたちに夏休みの予定を聞いてみたところ「おばあちゃんの所に行くんだ」「お祭りに行くよ」と話してくれました。

生活のリズムが崩れないように、歯みがき表を渡します。毎日子どもがつけることで、日にちや曜日を確認できるようにするためです。目の届くところにはってあげてください。

07-081

夏野菜がとれました！

春にみんなで植えたナスやキュウリの収穫をしました。ナスとキュウリのトゲトゲを触って「痛い！」と驚く子どもたち。新鮮な野菜を使って、サラダを作りました。自分たちで育てた野菜の味は格別だったようです。苦手だった野菜も、食べられるようになりました。

07-082

夏期保育

来週から夏期保育になります。保育時間が変わりますので、別紙にてお知らせします。

また、お休みするお子さんが増えるので、異年齢での合同保育となります。夏期保育をご希望の方は、今週末までに書類を提出してください。

07-083

防犯教室

先日、防犯教室が行われました。日ごろから「いかのおすし」を合言葉に、子どもたちには、指導をしています。

いか＝知らない人について「行か」ない

の＝知らない人の車に「乗」らない

お＝「お」おきな声で叫ぶ

す＝「す」ぐ逃げる

し＝なにかあったらすぐ

「知」らせる

07-084

園開放

○○園では7〜8月に○、○、○、○の4日間、午前○時から午後○時まで、園開放を予定しています。参加をご希望される方は、担任まで書類の提出をお願いいたします。

なお、この4日間は給食がありません。参加される場合は、お弁当の用意をお願いします。

07-085

食育

清涼飲料水のとり過ぎに注意

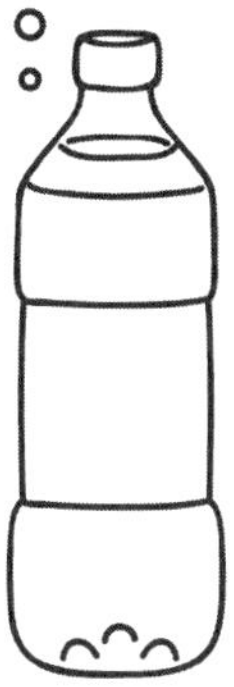

暑い日が続くと、ジュースや炭酸飲料がおいしく感じられます。しかし、炭酸飲料やジュースなどの清涼飲料水は、とり過ぎるとさまざまな問題が生じます。糖分がかなり多いので肥満や虫歯のもとになるほか、炭酸飲料に多く含まれているリンは、とり過ぎるとカルシウム不足の原因になってしまいます。なるべくお茶を常備して、清涼飲料水に頼らずに、暑い夏を乗り切りましょう。

07-086

個食・孤食について

近年、問題視されている個食と孤食。「家族がバラバラの時間にバラバラの物を食べる」という食事スタイルのことです。「仕事で帰りが遅い」「子どもの習い事がある」などご家庭の事情はさまざまだと思いますが、お子さんの成長のためにも、ぜひ一日に一度は家族そろって食事するようにしていただければと思います。

07-087

夏バテ予防食

暑い毎日でも、元気いっぱいの子どもたち。暑さに負けず遊びまわる姿は頼もしい限りですが、夏バテしないか心配でもあります。

7月は「土用の丑の日」があります。ウナギはビタミンと亜鉛が豊富で、とても栄養価が高い食品です。ぜひご家庭でもとり入れてみてください。また日ごろから夏野菜や水分をとり、消化機能が低下しないよう食事バランスに気をつけることも大切です。

07-088

保健・安全

あせもに注意

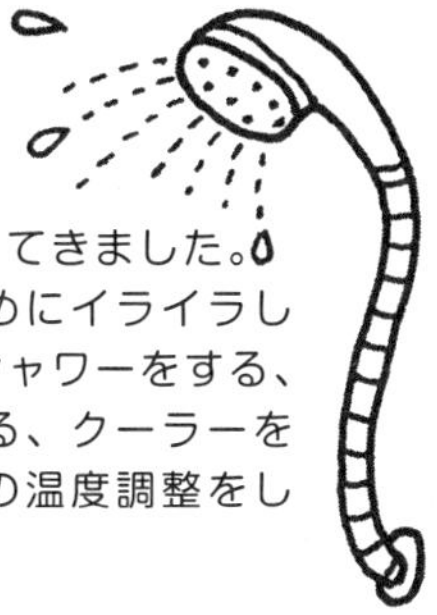

暑くなり、汗をかく季節がやってきました。あせもができると、かゆみのためにイライラして不機嫌になります。こまめにシャワーをする、通気性・吸湿性のよい衣類を着る、クーラーを上手に使用するなどして、室内の温度調整をしていきましょう。

●主な症状●

汗や汚れが汗腺にたまり、炎症が起こる。発疹ができ、かゆみがひどくなる。ひどくかきむしると、細菌感染を引き起こすこともある。

07-089

水いぼがはやっています

たいていは自然に治りますが、かゆみや出血がある場合は受診し、医師に相談してください。

●主な症状●

1～2㎜のいぼができ、周囲に広がって増える。体中に広がったり、3～4㎜くらいまで大きくなることもある。わきの下やまたなどにできると、皮膚がすれて増えやすくなる。乾燥肌の子どもは感染しやすいので、日ごろからスキンケアを。ウイルスに感染してできるいぼの一種。直接感染、タオルの共有などでもうつる。

07-090

熱中症に注意

夏本番。戸外や蒸し暑い所で過ごすと心配なのが熱中症です。体内の水分・塩分不足から体温調節ができなくなり、脱水症状を起こします。発症したら涼しい場所で体温を下げましょう。重症になることもあるので、けいれん・高熱・意識がないなどの症状があれば急いで病院へ。

●予防のポイント●

・日中は帽子をかぶる。

・水分補給を忘れない。

・木陰などで直射日光を避ける。

07-091

楽しい行事

夏祭り

08-001

08-002

08-003

08-004

08-005

お泊まり保育

08-007

08-008

08-009

08-006

08-010

08-011

08-012

08-013

08-014

誕生会

08-015

08-016

08-017

08-018

生活、遊び

08-019

08-020

08-021

08-022

08-023

08-024

08-025

08-026

08-027

08-028

08-029

赤ちゃん

08-030

08-031

08-032

08-033

季節

08-034

08-035

08 036

08-037

08-038

08-039

08-040

飾りけい

08-041

08-042

08-043

08-044

08-045

08-046

08-047

08-048

08-049

08-050

08-051

08-052

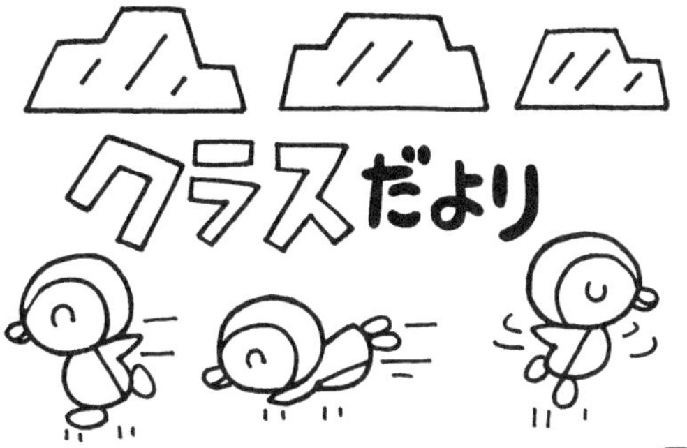
クラスだより

08-053

園開放

08-054

8月の歌

08-055

お知らせ

08-056

お願い

08-057

夏休み

08-058

お泊まり保育

08-059

夏休みのおやくそく

08-060

8月の予定

08-061

夏期保育

08-062

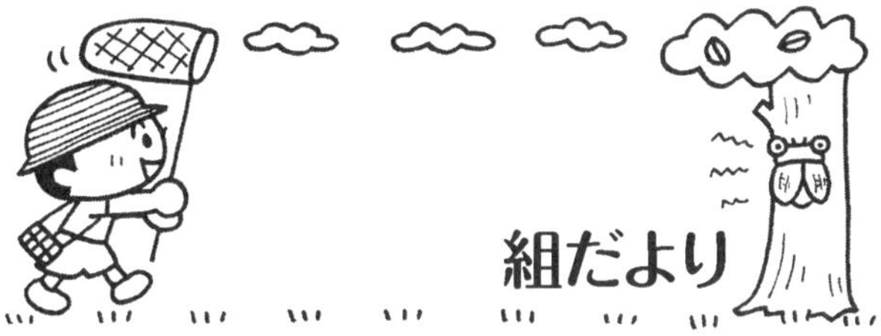
組だより

08-063

夏祭り

08-064

帽子をかぶろう

08-065

8月生まれの
お友達

08-066

書き出し文例

8月のあいさつ

- さわやかな木漏れ日がさし込んできます。鳥の声、木々の音を揺らしながら、かすかな風が通り過ぎていきます。
- ツクツクボウシの鳴き声がひときわにぎやかに聞こえ、夏の終わりを感じさせます。
- 園庭のアサガオが毎日１つ２つと咲いて、子どもたちのいない園舎を見守っていてくれます。
- 真夏日が続く酷暑の毎日ですが、暦の上ではもう立秋。夏休みも半ばとなりました。

子どもの姿

- 久しぶりに会う先生や友達に、ちょっぴり恥ずかしそうにあいさつをする姿がかわいかったです。
- 浴衣やじんべえ姿が、盆踊りや花火の風情をいっそう引き立ててくれました。夏の夕暮れを、ゆっくりと過ごし、もうすぐ２学期の始まりです。
- 休みの間にお出かけしたこと、おうちの人といっしょに過ごしたこと……。われ先に話そうとする笑顔からうれしかった思い出があふれます。

夏休み

- 男の子も女の子も、普段は着ない浴衣に、美しい彩りの帯を締めたことや、ちょうちんの明かりの下で盆踊りをしたこと……、深く印象に残ったことでしょう。この浴衣も日本の伝統として、また夏の夜の彩りとして失いたくない物の一つです。
- 夏休みにしかできない経験をふんだんにしてみましょう。大きな山、広い海、深い森、そのなかでこそダイナミックな発想が生まれます。海のにおい、波の音、森の空気、山の色、冷たい川……。２学期にはたくさんのお話をしてくださいね。

家庭との連携

- 夏の風物詩「花火」は大人も子どもも大好きです。でも危険も伴います。＜必ず大人といっしょにすること＞＜花火の始末、扱い＞など、家族で話し合い、共通理解をして、大人は子どものお手本になってください。
- 遠くにお出かけしなくても、ホテルや旅館に泊まらなくても、身近に楽しみを見つけてみましょう。歯みがきや衣服の着脱、食事や就寝起床など、ママと離れて自分一人でできるかしら？　仲よしのご家族同士協力し合ってお子さまを預けてみてはいかがでしょう。いつもは元気なわんぱく坊やがホームシックに……意外な一面が発見できるかもしれません。

お泊まり保育
いよいよ来週、お泊まり保育があります。子どもたちは「先生、パジャマ用意したよ」「わたしは新しい歯ブラシを買った」と、楽しみにしている様子がうかがえます。おうちの人から初めて離れるお子さんが大半だと思います。楽しみ半分、不安半分だと思われますが、この経験で一段と大きく成長することでしょう。体調管理には十分気をつけてください。

08-067

8月の子どもの姿
園庭のヒマワリも子どもたちに負けないくらいに伸びています。今月のお誕生会は子どもたちの大好きなスイカ割り大会をしたいと思います。初めてスイカ割りをする子どもたち。今から「うまく割れるかな？」とワクワクしています。きっと忘れられない誕生会となることでしょう。

08-069

お泊まり保育がありました
お泊まり保育が無事に終わりました。途中泣いてしまった子どももいましたが、クラスの友達に慰められ、みんなとの時間を楽しむことができました。保護者の皆様はどう過ごしたのかご心配だったと思います。お子さんからも聞いていらっしゃるかもしれませんが、お泊まり保育での様子を書いたプリントを、後日配布します。

08-068

8月生まれのお誕生会
みーん
みーん
先日、８月のお誕生会がありました。園庭で、子どもたちの好きな水鉄砲で遊びました。きれいな青空、ソフトクリームのような入道雲の下で、水鉄砲の水しぶきがキラキラ光ります。真っ黒に日焼けした子どもたちの笑顔もまぶしかったです。

08-070

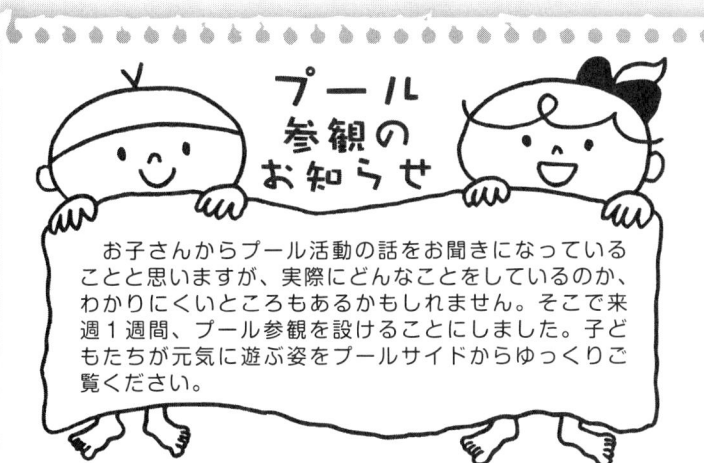

プール参観のお知らせ

お子さんからプール活動の話をお聞きになっていることと思いますが、実際にどんなことをしているのか、わかりにくいところもあるかもしれません。そこで来週１週間、プール参観を設けることにしました。子どもたちが元気に遊ぶ姿をプールサイドからゆっくりご覧ください。

08-071

スイカ割り大会

夏本番。子どもたちは太陽に負けないくらい元気いっぱいです。先週はスイカ割り大会をしました。「もっと前！」「もうちょっと右！」と応援する子どもたちは、実によい表情でした。割れた瞬間、大歓声が上がりました。みんなでほおばった甘いスイカ。夏のすてきな思い出ができました。

08-072

食育

ごはんの支度のお手伝い

先日、うれしい話が聞けました。「先生、きのうわたしが卵を割ってオムライスを作ったんだ。ピーマンも小さく刻んで混ぜたんだ」と話してくれました。「すっごくおいしかった。ピーマンも食べられたよ」とうれしそうでした。苦手な食べ物も食べられて、自信がついたようです。こんなふうにお手伝いを通して成長できるとよいですね。

08-073

おやつ

子どもたちに大好きなおやつを聞いたところ、第１位アイスクリーム、第２位かき氷、第３位シャーベットでした。冷たくてのど越しのよいおやつですね。ただ暑いからといって食べ過ぎると体によくありません。冷たい物は胃腸の働きを弱め、消化不良を起こすことがあるので、注意しましょう。

08-074

保健・安全

はやり目

白目が赤く充血して腫れ、涙が出て不快に感じるのが特徴です。症状が見られたら、医師の診断を受けて治療しましょう。潜伏期間は１週間程度。プールの水・タオル・手指から感染。目に触れるものを共有しないようにします。場合によっては一時的にプールの閉鎖が必要になることがあります。症状がなくなり、医師の許可が出てから登園しましょう。

08-075

プール熱がはやっています

夏かぜの一種。発熱、咽頭炎、結膜炎などの症状が消えてから２日程度で登園できます。医師の許可が出たら登園しましょう。

●主な症状●

39 度前後の熱が４～５日続く。目の充血・目やになど結膜炎の症状が見られるのが特徴。のどの痛み、せき、腹痛、下痢、頭痛などを伴うこともある。潜伏期間は１週間程度。飛沫感染、プールを介しての感染も多い。

08-076

イラストと
おたより文例

9月

楽しい行事
敬老の日／お月見
防災の日／秋の遠足
交通安全／動物愛護
誕生会
生活、遊び
季節　飾りけい

楽しい行事

敬老の日

09-001

09-002

09-003

09-004

09-005

09-006

09-007

お月見

09-008

09-012

09-009

09-010

09-011

防災の日

09-013

09-014

09-015

09-016

防災の日（つづき）

09-017

09-018

09-019

09-020

秋の遠足

09-021

09-022

09-023

09-024

09-025

交通安全

09-026

09-027

09-028

09-029

動物愛護

09-030

誕生会

09-031

09-032

09-033

09-034

生活、遊び

09-035

09-036

09-037

09-038

09-039

09-040

09-041

09-042

09-043

09-044

09-045

赤ちゃん

09-046

09-047

09-048

09-049

09-050

09-051

09-052

季節

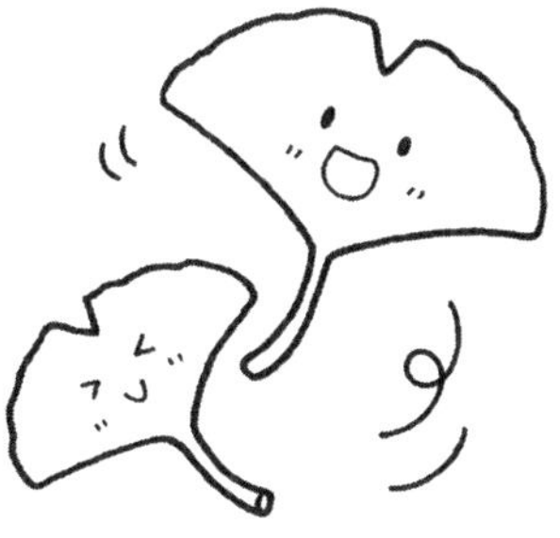

09-053

09-054

09-055

09-056

09-057

09-058

飾りけい

09-059

09-060

09-061

09-062

09-063

09-064

09-065

09-066

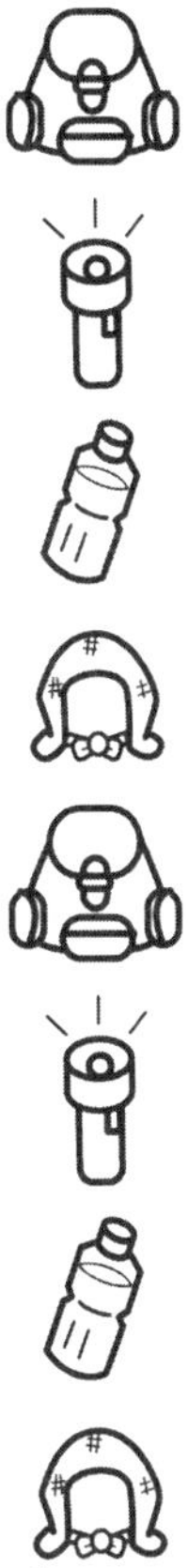

09-067 09-068 09-069 09-070

クラスだより
09-071

組だより
09-072

交通安全週間
09-073

お月見会
09-074

防災の日
09-075

お知らせ
09-076

9月の予定
09-077

9月生まれのお友達
09-078

敬老の日
09-079

秋の遠足
09-080

9月の歌
09-081

秋分の日
09-082

食欲の秋
09-083

書き出し文例

9月のあいさつ

- 真っ黒に日焼けした子どもたちの声が、青い空に響き渡ります。新しい2学期よ、こんにちは。
- 月の美しい季節は、虫たちの音楽会がよく似合います。子どもとともに静かに絵本を開いて眠りにつくのも快い時期ですね。
- 台風のあとの空が、とても高く澄み渡り、子どもたちの元気な歌声を吸い込んでしまうようです。
- 日中の暑さはまだまだ厳しく、子どもたちはシャワーのトンネルを大喜びで駆け抜けます。

子どもの姿

- お休み中に体験したできごとを、大好きな友達や保育者に言葉で伝えようとします。そして友達同士同じ経験を共感し合う姿がうれしそうです。
- にぎやかに家族との経験を友達と伝え合う子どもたち。山登りごっこ、海ごっこ、バーベキューごっこと、その経験が園での遊びを豊かに広げています。
- 運動会に向かって話し合うなかで、友達の反対や主張に戸惑う姿も見られますが、自分の考えを言ったり、できる方法を試したり、一人ひとりが自分の力を出していこうとする姿にたくましさが感じられます。
- 今綱引きごっこがブームです。クラス対抗、男女対抗、背の順対抗などグループ分けにもくふうが見られます。

家庭との連携

- 年に1回の運動会は、運動を通して心身ともに磨きたくましく成長する大事な活動です。練習によって向上する自分に喜びが持てること、そして自ら「よし、やろう！」という意識になっていくこと。このように、1つの課題を克服して自信と喜びを経験しながら次の課題に挑戦する力を獲得していきます。こんな子どもたちにこそ、大勢のお客様を感動に導く、勢いと輝きがあります。
- リレーに対する闘志もすさまじいものでした。勝って喜ぶ気持ちも、負けて悔し涙を流す気持ちも、1位を目指してがんばった結果の<宝物>です。こんな宝がいっぱいできた運動会でした。このようにもてる力をありったけ出しきって1つのことに向かっていく経験こそ、粘り強さ、ポジティブな問題解決力を培うものと思っています。
- おじいさま、おばあさまにお手紙を送ります。大好きなおじいさま、おばあさまの顔を思い浮かべて絵を描きました。「おじいちゃんはメロンが好きなんだよ」「おばあちゃんはバナナが好き」「赤色が似合うんだよ」。喜んでいただけるようにじっくり考え、色を選んで描きあげました。

新学期が始まります
長かった夏休みも終わり、いよいよ2学期がスタートしました。真っ黒に日焼けした子どもの顔は、休みの間にいろいろな経験をした証し。とても頼もしく見えました。夏休みを経て、2学期の園は活気に満ちあふれています。
園生活のリズムに戻るには、少し時間がかかりそうですが、体調管理に気をつけて、休み中に経験したことを生かせるよう、見守っていきたいと思います。

09-084

新学期が始まりました
2学期が始まり、通園バスに乗る際、「お母さんと離れたくない」そんなお子さんもいたようです。長い休みだったので少し不安になっているのかもしれません。園でも早く慣れるように言葉かけをしていきます。
2学期は運動会、バザー、クリスマス会と行事が盛りだくさんです。友達同士が協力し合って、はぐくみ合えるよう見守っていきたいと考えています。よろしくお願いします。

09-086

敬老の日
先日、「おばあちゃんに自分の顔を描いた絵を送ったら、返事が来たの」と心温まるお話を聞きました。
来週は敬老会を予定しています。おじいちゃんやおばあちゃんを招待して、いっしょにゲームをしたり、プレゼントを渡したり、楽しい会を計画中です。ご参観希望の方は担任までお知らせください。

09-085

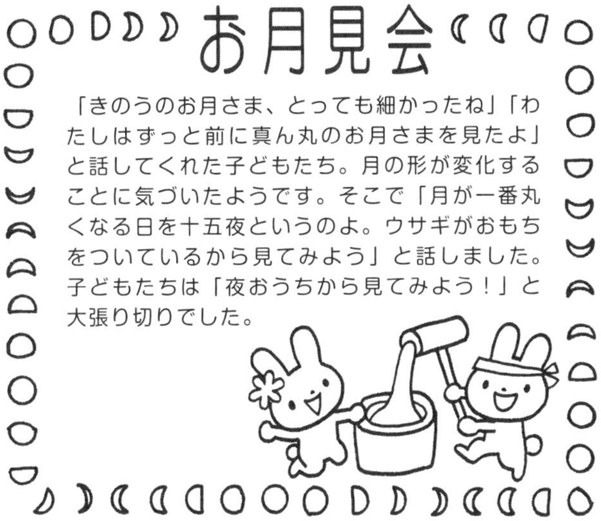
お月見会
「きのうのお月さま、とっても細かったね」「わたしはずっと前に真ん丸のお月さまを見たよ」と話してくれた子どもたち。月の形が変化することに気づいたようです。そこで「月が一番丸くなる日を十五夜というのよ。ウサギがおもちをついているから見てみよう」と話しました。子どもたちは「夜おうちから見てみよう！」と大張り切りでした。

09-087

9月生まれのお誕生会

9月のお誕生会は園庭で集団遊びをして楽しみました。この季節になると子どもたちは、友達といっしょに遊ぶ楽しさがわかります。

お誕生月の子どもをリーダー役にした遊びでは、1つ大きくなったという気持ちも手伝い、みんなをリードして生き生きと楽しんでいました。

09-088

9月生まれのお誕生会

虫の声がにぎやかな季節となりました。お友達が持ってきてくれたマツムシが鳴くと「みんな、シーッ。ほら、チンチロリンって。聞こえる？」と教えてくれます。子どもたちとマツムシのコンサートを楽しむ毎日です。そんな9月のお誕生会には、ミニ音楽コンサートを計画しています。子どもたちが自分の好きな楽器を演奏します。すてきな音楽でお誕生会を盛り上げたいと思います。

09-089

9月の子どもの姿

夏が終わり、いろいろな経験をした子どもたちは、一回りも二回りも成長したように感じます。日中はまだまだ残暑が厳しいですが、夕方から涼しい風が吹き、お迎えまでの時間はのんびりお部屋で過ごしています。「プールで5m泳げるようになったよ」「今度いっしょに泳ぎたい」と友達同士の会話もはずみます。夏バテ気味の子どもたちには、こんな時間も必要なようです。

09-090

防災訓練

9月1日、防災訓練を行いました。「地震だ！」の合図で子どもたちと防災ずきんをすぐにかぶり、机の下に体を隠し、身の安全を確保することを学びました。子どもたちは、おしゃべりすることもなく真剣に取り組みました。

09-091

交通安全週間

来週は交通安全週間です。警察の方が園に来て、横断歩道の渡り方や信号の見方を教えてくれます。飛び出し事故が増えているので、正しいルールを学び、危険から自分の身を守ることを小さなときから身につけたいものです。

09-092

秋分の日

園庭には、真っ赤なヒガンバナの花が咲き、秋の気配が感じられるきょうこのごろです。あんなに暑かった夏から涼しい秋へと移っています。もうすぐ秋分の日。昼と夜の時間が同じ長さになる日です。これから徐々に日が短くなります。園外保育に出て周りの自然にも目を向けていきたいと思います。

09-093

給食参観

園では、月に一度、ホールにて全園児いっしょにバイキング形式の給食会を行っています。この日はテーブルクロスを敷いて、レストランに来た気分で食事をします。大勢の子どもたちとのランチタイムは笑顔が絶えません。食も進み、おかわりする子どもが続出します。

09-094

食育

お膳立て

園ではまず手洗いを済ませ、机をふき、それから給食の配膳をします。トレーのどこにごはん、おかず、汁物を置くのか、画用紙に書いて、確認し合いました。おはしの持ち方や姿勢などにも気をつけるように指導しています。

09-095

微量栄養素について

「味がわからない」「よく貧血で倒れる」などは現代っ子に多く見られる問題。実は微量栄養素の不足が原因かもしれません。微量栄養素とは、ビタミン、ミネラルなど、ごく少量で足りる栄養素のこと。バランスのよい食事を心がけていれば不足することはあまりないのですが、加工食品やファストフードばかり食べていると、足りなくなってしまうことがあります。過不足なく栄養を得るには、好き嫌いなく、なんでも食べることが大切です。

09-096

「もったいない」食べ残し

よく聞かれる「お弁当を残してくる」という悩み。たくさん食べてほしいと願うあまり、量を少し詰めすぎていませんか？ 「全部食べきった」という達成感を得るために、残してくるお子さんには、少し量を減らしてみてはいかがでしょう。「もったいない」という感覚を養うためにも「食べきる」習慣をつけることは大切です。

09-097

保健・安全

手足口病

「手足口病」がはやっています。疑わしい症状が見られる場合は、医師の診断を受け、許可が出たら登園しましょう。

●主な症状●

手のひら、足の裏、口の中、おしり、ひざなどに水泡状の発疹ができ、破れて潰瘍《かいよう》になるが2～3日で炎症は治まる。くしゃみ、せき、鼻水、目やに、発熱などかぜに似た症状もある。口内炎の痛みで食欲が落ち、重症化することも。潜伏期間は2～7日。

飛沫感染や、便からの感染。

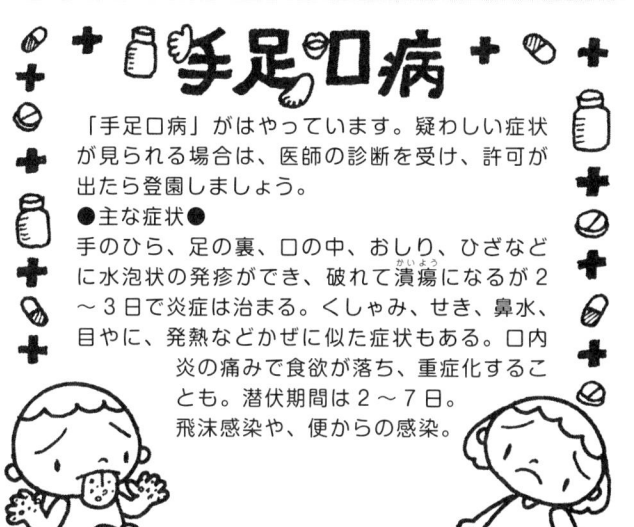

09-098

生活のリズムを取り戻そう

夏休み明け、生活リズムが乱れていませんか？ 特に睡眠の乱れは体の成長や自律神経などにも影響します。早寝早起きを心がけましょう。また、朝の洗顔や朝食は、すっきりとした脳の目覚めを促します。食後の歯みがき、登園前の排便などの習慣を身につけ、しっかり生活リズムを整えましょう。

09-099

足に合った靴を選びましょう

園ではお散歩などを通して、体作りを大切にしています。乳幼児期は足の骨や土踏まずが形成される時期。足にぴったり合う靴を選びましょう。

●合う靴の見極め方●

①つま先に1cm程度ゆとりがあり、足の指が自由に動く。
②足になじんでいる。
③靴の先がよく曲がる。
④洗濯しやすい。
⑤かかとがしっかりしている。

09-100

イラストと
おたより文例

10月

楽しい行事

運動会／ハロウィーン
読書週間／いも掘り
目の愛護デー／誕生会

生活、遊び

季節　飾りけい

楽しい行事

10-001

10-002

10-003

10-004

10-005

10-006

10-007

10-008

10-009

10-010

10-011

10-012

10-013

10-014

ハロウィーン

10-015

10-016

10-017

10-018

10-019

読書週間

10-020

10-021

いも掘り

10-022

10-023

10-024

10-025

目の愛護デー

10-026

10-027

10-028

誕生会

10-029

10-030

10-031

10-032

生活、遊び

10-033

10-034

10-035

10-036

10-037

10-038

10-039

10-040

10-041

10-042

赤ちゃん

10-046

10-043

10-044

10-045

10-047

10-048

10-049

季節

10-050

10-051

10-052

10-053

10-054

10-055

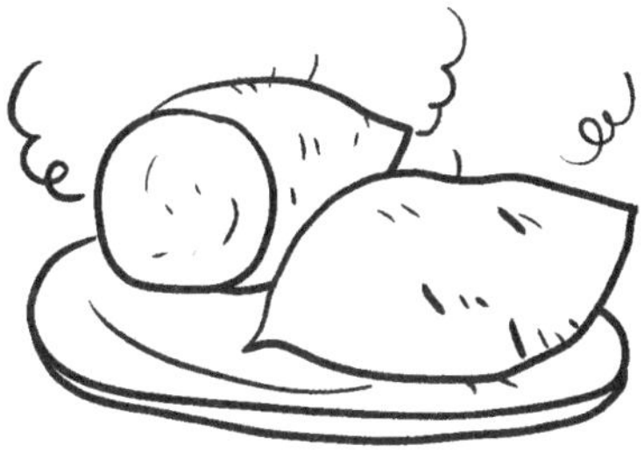

10-056

飾りけい

10-057

10-058

10-059

10-060

10-061

10-062

10-063

10-064

10-065

10-066

10-067

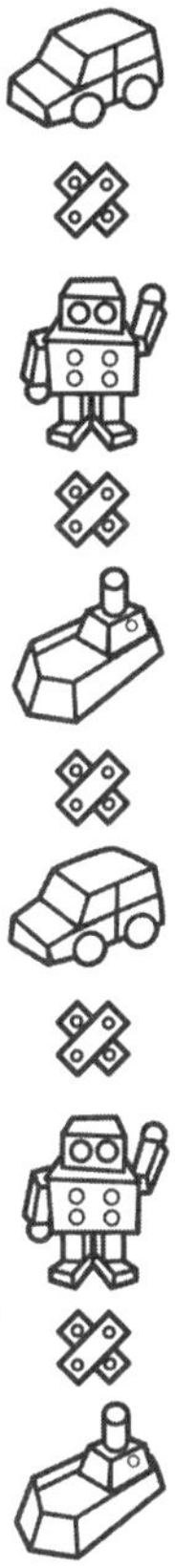

10-068

タイトル文字

クラスだより

10-069

おたより

10-075

読書週間

10-076

遠足

10-070

目の愛護デー

10-071

ハロウィーン

10-077

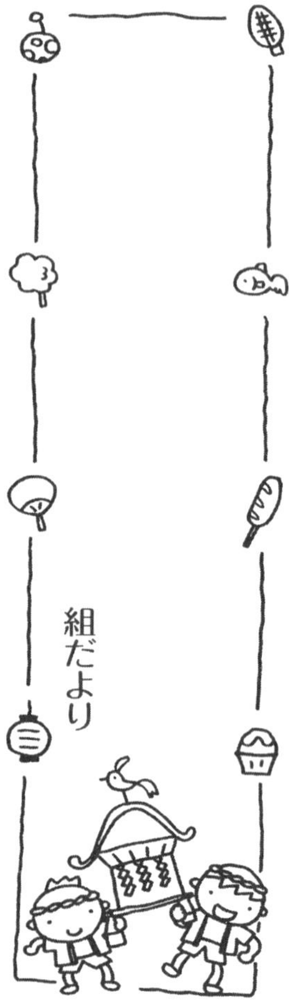
組だより

10-072

運動会

10-073

おいも掘り

10-078

お知らせ

10-074

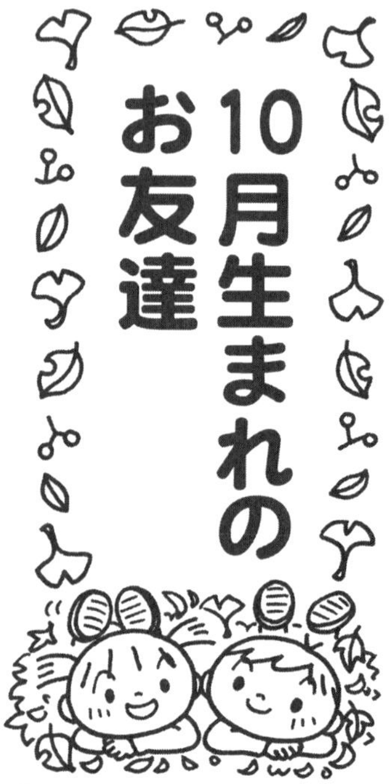
10月生まれのお友達

10-079

10月の歌

10-080

10月の予定

10-081

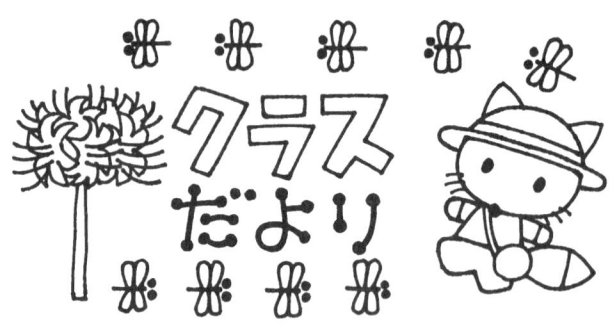

書き出し文例

10月のあいさつ

- ドングリは、子どもたちの大事な友達。そして大切な宝物のようです。ポケットいっぱいに押し込んで友達と自慢し合う姿がかわいいです。
- 深まりゆく秋のなか、青く澄み渡った空に凛《りん》とした空気を感じます。ジャングルジムのてっぺんに上って、ときどき子どもたちと大きな空を眺めています。

子どもの姿

- ドングリや色づいた落ち葉を、拾い集める姿が見られるようになりました。きれいな色、形の違いをよーく吟味しながら、一つひとつていねいに選びます。
- 落ち葉を集めてインディアンの帽子を作りました。頭に落ち葉の羽がつくとたちまち「アワワワ……」と駆けだしていきます。
- 「サンマと漁師」（泥警と同じ）という鬼ごっこが盛んです。やっぱり男の子の「サンマ」は冒険好き。漁師の間を巧みに駆け抜けて仲間のサンマを助けます。
- 今、園庭では、熱いドッジボール戦が繰り広げられています。特に男の子たちのボールには勢いがあって、大人もちょっとの油断が命取り。先生に当てることが、一つの勲章になっているようです。
- きのうは年長組さんが「音楽会」を開きました。ちょっとのぞいてみると……「園歌」の大合唱。年中・年少組のお客さんもいっしょにうたって、大満足で帰っていきました。切符を売る人、宣伝する人、ポスターを作る人……。それぞれ得意な力を発揮して音楽会を準備していく姿はさすがに年長さんです。

家庭との連携

- ドングリごま、ドングリのネックレスやペンダント、でんでん太鼓、やじろべえ……、ドングリを利用して <作って遊ぼう>コーナーが人気です。いっしょに作ってお楽しみください。
- 園のために特別に育ててくださったおいも畑で、いも掘りを行います。種類はベニアズマ。たいへん甘みが強く、おいしいおいもの種類です。自分で収穫したおいもは、そのなかから「一番大きいおいも」と「大好きなおいも」２本を残して、あとはみんなで分け合います。また園で焼きいも、スイートポテト、いも煮会を楽しむために、教材用としても利用します。
- お散歩が、気持ちのよい季節です。このごろ戸外に出るときは「秋の図鑑」を持っていきます。木の実や葉っぱ、花や虫を見つけては大騒ぎ。輪になって図鑑を広げています。

衣がえ
10月1日は衣がえです。冬服の準備はお済みですか？
お天気のよい日中、園庭で元気に遊ぶ子どもたちは汗をかくこともしばしば。制服の下には、着替えやすい服を着せてください。

10-082

目の愛護デー
10月10日は目の愛護デーです。先日『あがりめ さがりめ だいじなめ』の本を読みました。園でも正しい姿勢で書いたり読んだりするよう気をつけています。ご家庭でも、テレビを見るときは、離れた所から時間を決めて見る、など気をつけてあげてください。

10-084

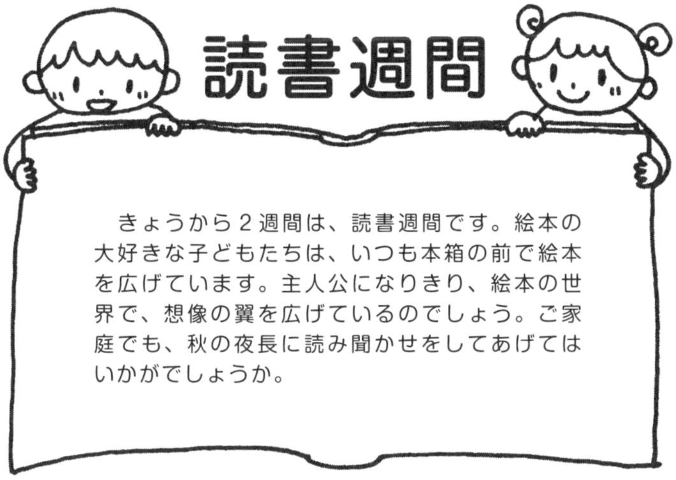
読書週間
きょうから２週間は、読書週間です。絵本の大好きな子どもたちは、いつも本箱の前で絵本を広げています。主人公になりきり、絵本の世界で、想像の翼を広げているのでしょう。ご家庭でも、秋の夜長に読み聞かせをしてあげてはいかがでしょうか。

10-083

ハロウィ～ン
明日はハロウィーンです。
園ではハロウィーンパーティーを計画中。仮装やゲームをして楽しむ予定です。
職員もわくわくしながら、子どもたちへのお菓子を準備しています。参観は自由ですので、ご都合のつく方はぜひお越しください。

10-085

おいも掘り

子どもたちが楽しみにしていたおいも掘りをしました。登園すると真っ先にスモックに着替えた子どもたち。「先生、もうみんな準備できたよ」と朝からやる気満々でした。

園庭のおいも畑で、「うんとこしょ、どっこいしょ」と元気なかけ声をかけながら、掘りました。大きな大きなおいもが出てきたときは「やったー」と大歓声が上がりました。持ち帰ったおいもでどんな料理を作りましたか。

10-086

遠足

来週は、電車に乗って遠足に行きます。当日は友達と手をつないで、いろいろな秋を見つけてくるつもりです。アカトンボや虫の声、ススキやオミナエシ…。子どもたちも、とても楽しみにしているようです。リュックサックの準備もそろそろ始めてみてください。

秋をいくつ見つけられるでしょうか。

10-089

運動会

10月10日には、運動会があります。子どもたちと「元気いっぱい最後まで力を出そう」とスローガンを考えました。年長児にとっては園生活最後の運動会になります。みんなで力を合わせてがんばります。

10-087

10月生まれのお誕生会

今週は、お誕生会をしました。いも掘りで掘ったサツマイモで、焼きいもパーティーです。

みんなでアルミホイルにサツマイモを包み、集めた枯れ葉の中に入れて焼きました。できあがりを待っている間は、焼きいもの手遊びをしたり、ゲームをしたりして楽しみました。

しばらくすると、よい香りがしてきました。焼き上がったサツマイモを手に「お誕生日おめでとう！」思い出に残るお誕生会となりました。

10-090

運動会

涙、涙で終えた運動会。毎朝子どもが自主トレーニングをしていて、バトンの持ち方、渡し方をくふうしました。3～5歳の縦割りで紅白を決めていたので、リレーも、年長児が年中・年少児をリードしながら行いました。勝ち負けではなく、おのおのの気持ちを1つにして、みんなでゴールできたこの経験を、いつまでも忘れないでいてくれたらと願っています。

10-088

10月の子どもの姿

園庭にさわやかな秋の風が吹き、お散歩や体を動かすにはよい季節です。子どもたちはもうすぐ迎える運動会の練習に日々励んでいます。涼しくなったとはいえ、日中動いているとまだまだ汗をかきます。「先生暑いよ」「のどかわいた…」園庭から帰ると子どもたちの声が響きます。

10-091

食育

☆目によい食べ物☆

10月10日は目の愛護デーです。ブルーベリーは目によいとされる食べ物として知られています。ブルーベリーには「アントシアニン」が豊富で、これが目の疲れをとるのに効果的だといわれているのです。ブルーベリーはヨーグルトにそのまま入れるなど、手軽に食べられる食品です。園のおやつでは、ブルーベリーケーキが出ることがあります。子どもたちにも大人気のメニューです。

10-092

体内時計

人間の体には体内時計があるといわれています。本来人間の体がもっている、睡眠などの生活リズムは25時間サイクル。ところが地球の1日は24時間です。人間の体は、このズレを、朝、太陽の光を浴びることで修正するようにできています。毎朝決まった時間に起きる習慣をつけることは、このことからも大切なのです。早起きして太陽の光を浴びましょう。

10-093

おいも、いろいろ

サツマイモ、ジャガイモ、サトイモ、ヤマイモ。おいもにはたくさんの種類があります。おいもの根にたっぷり蓄えられた栄養分の主成分はでんぷん。体内で分解されてブドウ糖になり、エネルギー源になります。でんぷんにはイモ類のビタミンCを熱から守る効果もあります。

10-094

保健・安全

ウンチは健康のバロメーター

腸は、栄養素や水分を吸収し、食べ物を送る働きをします。食べ物を送る力が弱いと便は腸内に長く留まり、水分が減り過ぎてかたくなります。反対に腸の動きが異常に活発になったり、ウイルス・細菌などにより水分をうまく吸収できなかったりすると、水分量の多いやわらかい便になります。便秘対策には「運動」「腹部マッサージ」「繊維の多い食物の摂取」、下痢対策には「脱水の予防」が大切。「朝、元気ウンチ出たかな？」と尋ね、毎朝の排便習慣を促しましょう。

10-095

じんましん

体のあちこちにプクンと膨れたみみず腫れができて、とてもかゆくなります。短時間で体のあちこちに出たり消えたりするのが特徴です。原因としては、食べ物（主に動物性たんぱく質）・薬剤・寒さや暑さ・疲れやストレス・接触刺激などがあります。

じんましんが出たら、医師の診断を受けて、原因と思われるものを取り除いたり、抗ヒスタミン剤を内服したりして、治療しましょう。

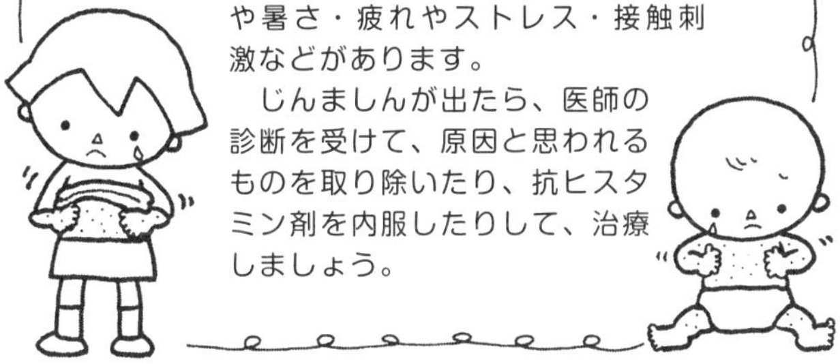

10-096

空気の乾燥を防ぎましょう

かぜウイルスは低温低湿度が大好き。室温を18～20度にして十分に加湿しましょう。ウイルスは湿度が高いと死んでしまうのですが、乾燥していると、長時間空気中で生きています。部屋の空気をときどき入れかえて湿度を60%くらいに保つようにしましょう。

10-097

10月

イラストと
おたより文例

11月

楽しい行事
七五三／火災予防
勤労感謝の日／作品展
発表会／お店やさん
保育参観／誕生会
生活、遊び
季節　飾りけい

楽しい行事

七五三

11-001

11-002

11-005

11-003

11-004

火災予防

11-006

11-007

勤労感謝の日

11-008

11-009

11-010

11-011

11-012

11-013

作品展

11-014

11-015

11-016

11-017

発表会

11-018

11-019

11-020

お店やさん

11-021

11-022

11-023

11-024

保育参観

11-025

11-026

11-027

11-028

誕生会

11-029

11-030

11月

生活、遊び

11-031

11-032

11-033

11-034

11-035

11-036

11-037

11-038

11-039

11-040

11-041

赤ちゃん

11-042

11-043

11-044

11-045

11-046

11-047

11-048

11-049

季節

11-050

11-051

11-052

11-053

11-054

11-055

11-056

飾りけい

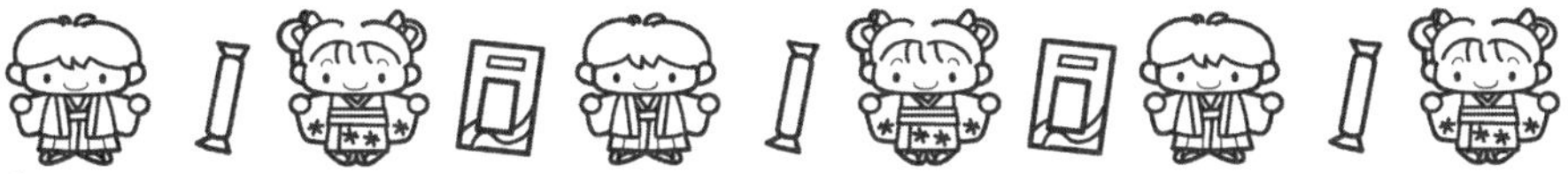

11-057

11-058

11-059

11-060

11-061

11-062

11-063

11-064

11-065

11-066

11-067

11-068

クラス
だより

11-069

作品展

11-070

11月
生まれの
お友達

11-071

かぜの
予防
について

11-072

勤労感謝の日

11-073

お知らせ

11-074

11月の
歌

11-075

11月の予定

11-076

保育参観

11-077

うがい・手洗い
をしよう

11-078

かぜ
予防

11-079

組だより

11-080

発表会

11-081

発表会の
プログラム

11-082

今月の
ねらい

11-083

書き出し文例

11月のあいさつ

- 日が沈むのが日に日に早くなり、木枯らしの吹く季節になりました。
- 園庭の落ち葉が、北風に乗ってクルクルとダンスを始めました。冷たい風に思わず身をすくめてしまいます。

子どもの姿

- 園庭で木の葉を見つけ、ウサギの耳に見立てたり、鳥の羽にしたり……、にぎやかに園庭を駆け回ります。秋の自然は子どもたちを想像の世界へ誘います。
- 「先生、こんな葉っぱ見つけたよ」「おみやげだよ」毎朝、赤や黄色に変わった "秋の葉っぱ" をおみやげに持って子どもたちが登園してきます。
- 友達同士、意見の対立によるトラブルを自分たちで話し合って解決しようとする姿が見られます。
- 少しゆったりとした雰囲気のなかで、のびのびと自分を表現する姿が見られます。また、クラスの団結も深まり、友達を認め合う姿からも心身の成長が感じられます。
- 葉っぱの色の変化に「きれいだな」「不思議だな」と思える感性は宝物ですね。子どもたちのすばらしい発見に、改めて自然の偉大さを味わっています。
- 自分たちで遊びのルールを考え、くふうし、イメージを共有して遊ぶ姿が見られます。
今○○組では、「劇場ごっこ」の準備が進められています。人形劇の練習、切符作り、看板、案内、ポスター……。大忙しのひとときです。

家庭との連携

- 白い息を吐きながら「ガオー！」とアニメのヒーローになってやって来る男の子たち。女の子はステッキを持ってかわいい魔女に変身！　くまさんやねずみちゃんになって登園してきた子もいました。いつもとは違う雰囲気にワクワク、ドキドキ。記念写真を撮り、ハロウィーン気分を味わいました。
- 「泥棒と警察」と呼ばれる鬼ごっこが盛んに行われています。つかまえる者と逃げる者、助ける者と阻止する者。子どもたちは「作戦会議」を開いて真剣そのものです。鬼ごっこは、瞬発力、判断力、反射行動力、筋力……など体の機能を総合的に発達させるもっとも有効な運動遊びです。おまけに脳への刺激も大きく、知的発達を大いに促します。
- 育ての親、大募集！　11月10日、ザリガニのお母さんから無事たくさんの赤ちゃんが産まれてきました。「お母さんは赤いのに、どうして赤ちゃんは白いの？」「なんでたくさん産まれるの？」子どもたちも興味津々です。生命の誕生ってすばらしいですね。

作品展
来週１週間、ホールで作品展があります。どのクラスも力作がそろっています。
乳児クラスは、初めてのお絵描きです。なぐり描きからぐるぐる描きまで、お子さんの成長過程を、ごゆっくりご覧ください。
幼児クラスは、個人の製作と共同製作の展示があります。描画、粘土、立体物の製作からは豊かな創造力を感じることができます。子どもたちの力を感じとってください。

11-084

バザー
保護者主催のバザーが行われます。そこで、ご家庭の不要な物を集めたいと思います。箱を用意しておきますので、ご提供いただける物はその箱に入れてください。
・おもちゃ類／本
・衣類（洗濯してあるもの）
・食器類
よろしくお願いいたします。
てづくり ビスケット
てづくり ドーナツ
Tシャ

11-086

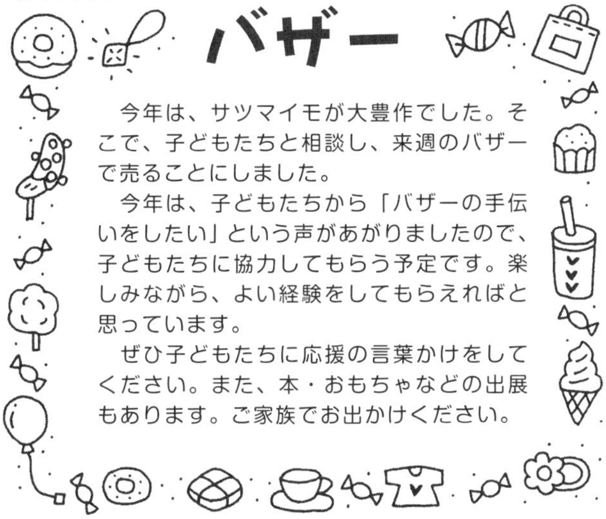

バザー
今年は、サツマイモが大豊作でした。そこで、子どもたちと相談し、来週のバザーで売ることにしました。
今年は、子どもたちから「バザーの手伝いをしたい」という声があがりましたので、子どもたちに協力してもらう予定です。楽しみながら、よい経験をしてもらえればと思っています。
ぜひ子どもたちに応援の言葉かけをしてください。また、本・おもちゃなどの出展もあります。ご家族でお出かけください。

11-085

秋祭り
秋祭りの季節。このごろ園では、毎日ドンドコドンドコと和太鼓の音が響いています。
子どもたちは「先生、手にまめができちゃった」とおうちでも太鼓の練習をしていると話してくれました。力強い太鼓の響きは、子どもたちの成長を奏でているようです。

11-087

11月生まれのお友達

お誕生日おめでとうございます。イチョウの葉が黄色く色づく季節に、みんなは生まれてきたのですね。生まれたときのお話をお子さんにしてみるのもよいですね。今月はお誕生日の子どもたちに好きな絵本を聞いて、読み聞かせをしていこうと思います。どんな絵本を選んでくるのでしょうか。楽しみに待っています。

11-088

11月の子どもの姿

毎日園庭に集まって遊ぶ子どもたちのお目当てはドングリです。ごはんになったり、おかずになったり、デザートになったりとドングリ料理がいっぱいです。「注文お願いします」「はい、どうぞ」と、きょうのままごとはお店やさんごっこに早変わり。また、ドングリを空き容器に入れるとマラカスにもなります。豊かな自然に囲まれて遊ぶうちに、子どもたちのやり取りも活発になってきました。

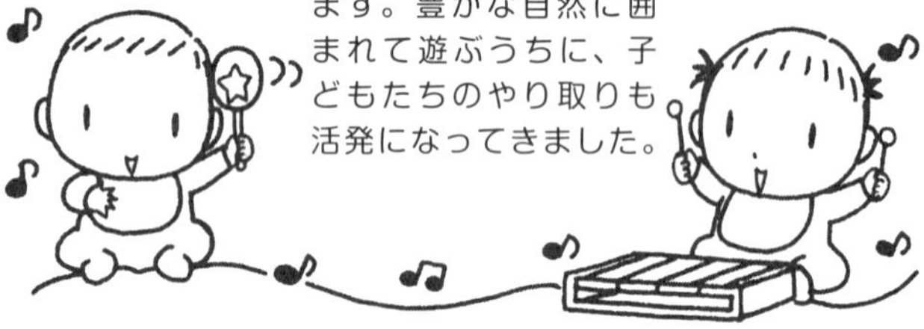

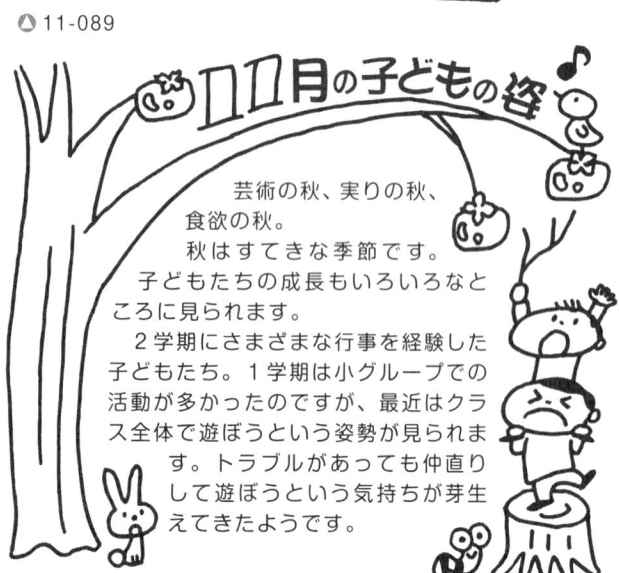

11-089

11月の子どもの姿

芸術の秋、実りの秋、食欲の秋。

秋はすてきな季節です。

子どもたちの成長もいろいろなところに見られます。

2学期にさまざまな行事を経験した子どもたち。1学期は小グループでの活動が多かったのですが、最近はクラス全体で遊ぼうという姿勢が見られます。トラブルがあっても仲直りして遊ぼうという気持ちが芽生えてきたようです。

11-090

七五三

七五三のお祝いをした子どもたちも多いようです。七五三は、無事に大きくなれた感謝の気持ちを込めて、神様にお礼をする日。「おうちの人にも『ここまで大きくなったよ！　いつもありがとう』の気持ちを伝えようね」というお話をしました。

11-091

勤労感謝の日

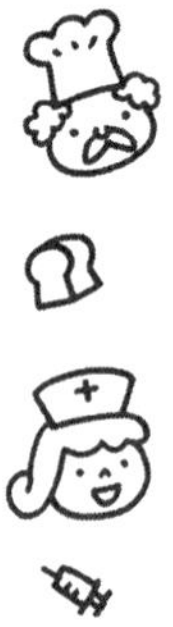

11月23日は勤労感謝の日。子どもたちに社会にはどんな仕事があるか聞いてみると、驚くほどよく知っていました。そして、お父さんやお母さんたちが自分のために働いてくれていることもちゃんとわかっていました。勤労感謝の日に「いつもありがとう」を言葉にして、伝えたいと思います。

11-092

…廃材を集めています

- 牛乳パック大小
- ペットボトル大小
- いらない布や毛糸

上記の物を集めています。お店やさんごっこに使いたい物です。ご協力お願いいたします。

11-093

調節のきく衣服を持たせてください

朝夕めっきり寒くなりました。しかし晴れた日には、園庭で元気いっぱい活動するため、汗をかいてしまいます。子どもが自分で脱ぎ着して調節できるような服で登園するようお願いします。

11-094

食育

かぜの予防食

気温や湿度が低くなると、呼吸器粘膜の抵抗力が弱まってきます。この季節、マスクをしてくる子どもたちがしばしば見られます。かぜ予防には、湿度を保ち、のどを保護するのが効果的です。

うがい・手洗いの徹底はもちろんですが、食事にも気をつけてあげたいものです。野菜は、温野菜にすることでたくさんの量を食べられます。またカキは牛乳と同じくらい栄養があります。食卓に取り入れてみてはいかがでしょうか？

11-095

魚を食べよう

おなじみの栄養素DHA（ドコサヘキサエン酸）。脳の働きを活発にし、記憶力や学習効果を高めるといわれています。DHAたっぷりなのは、イワシ、サバ、サンマ、アジ。園の給食にもよく登場します。おやつには、あごをよく動かす小魚も最適。骨ごと食べればカルシウム不足も解消できます。

子どもたちが魚を好んで食べられるように、配慮したいものです。

11-096

野菜は温野菜で食べよう

寒い日のシチューは、子どもたちに人気です。「ニンジン嫌いだけど、シチューのは食べられるよ」という子どもたち。野菜が苦手な子も抵抗なく食べられて、自信につながっているようです。

おうちでもいかがですか？

11-097

保健・安全

かぜ予防

かぜの直接の原因はウイルス。手洗いとうがいを忘れずにしましょう。お茶でうがいをすると、カテキンの抗菌作用で感染を抑えられるそうです。また、いつも厚着だと皮膚が外気を敏感に感じられなくなり、外気から身を守るしくみや体温調節機能が高まりません。その結果、寒さに対応できず、かぜをひいてしまいます。できるだけ薄着で過ごしましょう。

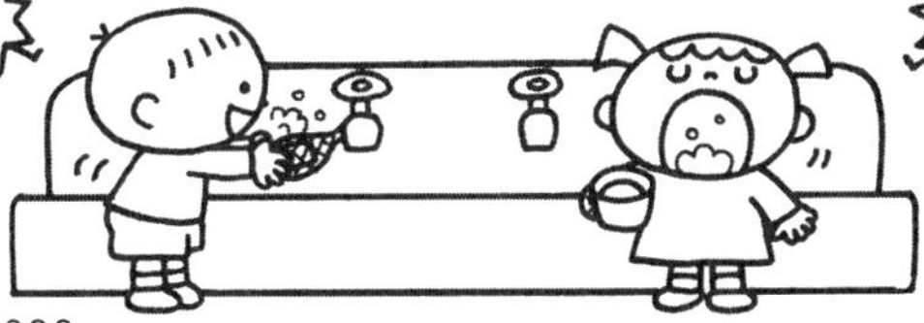

11-098

生活習慣病

乱れた生活習慣が身についてしまうと、将来さまざまな疾患を引き起こします。「偏った食生活」「運動嫌い」は、就学前までに定着してしまいます。今のうちから、健康な体作りに取り組みましょう。

●生活の見直しポイント●

・砂糖・塩分をとり過ぎていないか。
・動物性たんぱく質をとり過ぎていないか。
・外食が多くなっていないか。
・運動不足ではないか。

11-099

溶連菌感染症に注意

●主な症状●

のどの痛み・高熱・腹痛・頭痛・発疹・舌にイチゴのようなブツブツ。腎炎、リウマチ熱などを起こすこともある。潜伏期間は２～７日。飛沫感染。

最近流行しています。登園前に子どもの全身状態をよく確認してください。感染症なので、医師の許可が出たら登園しましょう。

11-100

楽しい行事

クリスマス

12-001

12-002

12-003

12-004

12-005

12-006

12-007

12-008

12-009

12-010

12-011

12-012

冬至

12-013

12-014

12-015

12-016

もちつき

もちつき
大会

12-017

12-018

もちつき大会

12-019

12-020

12-021

12-022

大掃除

12-023

12-024

12-025

12-026

12-027

冬休み

冬休み

12-028

たすけあい
たすけあい
たすけあい

12-029

12-030

誕生会

おめでとう

12-031

12-032

たいじゅう
kg

12-033

しんちょう
cm

12-034

生活、遊び

12-035

12-036

12-037

12-038

12-039

12-040

12-041

インフルエンザが
はやっています

12-042

12-043

12-044

赤ちゃん

12-045

12-046

12-047

12-051

12-048

12-049

12-050

季節

12-052

12-053

12-054

12-055

12-056

12-057

12-058

飾りけい

12-059

12-060

12-061

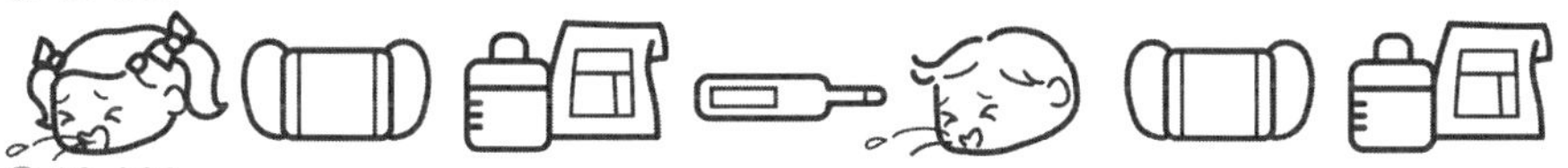

12-062

12-063

12-064

12-065

12-066

12-067

12-068

12-069

12-070

クラス
だより

12-071

大掃除

12-072

大きな袋を
持たせてください

12-073

12月生まれの
お友達

12-074

お知らせ

12-075

組だより

12-076

クリスマス会

12-077

もちつき大会

12-078

12月の予定

12-079

12月の歌

12-080

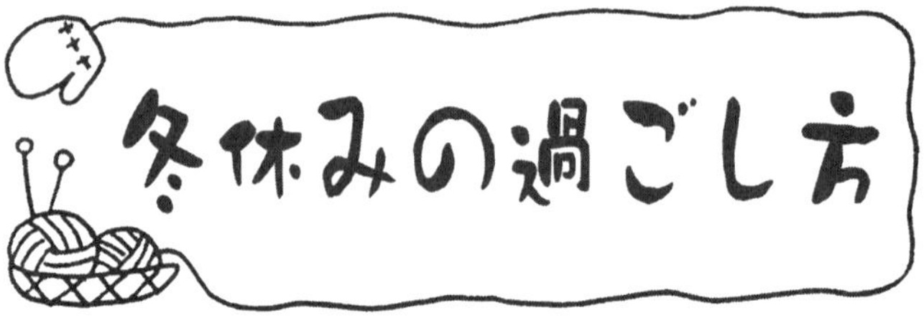
冬休みの過ごし方

12-081

手洗い・うがい

12-082

かぜ
予防

12-083

書き出し文例

12月のあいさつ

- 街のにぎわいが、年の瀬を感じさせます。門松やしめ飾り、鏡もちやウラジロ、ユズリハ……園もお正月の準備を始めました。
- 園庭の隅で、カラカラと落ち葉が鳴ります。落ち葉といっしょに風のなかを駆け回る子どもは、やっぱり風の子です。

子どもの姿

- 「鬼ごっこする者この指とまれ」……と、誰からともなく始まり、友達関係にも広がりが出てきました。
- 室内の飾り作りや、クリスマスの歌を楽しむなかで、クリスマスを心待ちにする姿が見られます。
- クリスマスリースや輪つなぎを窓辺に飾ったり、ツリーのような三角帽子を作ったり。そんな活動の一つひとつがクリスマスへの夢を膨らませています。
- 音楽会では、お母さんと目がピッタリ合うと、笑顔を返しながらはりきった子どもたち。みなさんからいただいた大きな拍手が子どもにとっても保育者にとってもなによりの励みになりました。

家庭との連携

- 今年も大過なく一年を過ごせたことに感謝し、来たる年もまた幸せな年でありますようにと願ってもちつきをします。おうちの方もこんな喜びを胸に、おもちつきを体験してみませんか？　つき手はもちろん、たきぎ燃やし、合いの手、きね取り、かけ声など……、どうぞお楽しみください。
- 楽しいことがいっぱいの冬休み。でも大人は大忙しです。クリスマスの飾りつけ、お正月を迎える準備、大掃除、お客さまのお迎えなど、子どもたちも、大人といっしょに役割を分担して、家族の一員としての責任を担ってみましょう。いっしょに仕事をしながらきっと会話も弾むことでしょう。
- 「若水」は年が明けて、初めてくむ水のことです。年の一番最初の水は、捨てないで大事にくんでおき、お料理に使ったり、顔を洗ったりして使うと、病気をしない、元気な体になるといわれています。
- 「一年の計は元旦にあり」と申します。今年はどんなことをがんばってみたいか、してみたいこと、日本の美しい言葉、お正月ならではの言葉などをちょっと改まった気持ちで書いてみましょう。筆で書いてみると一段と心が洗われるようです。鉛筆やペンで書いても大丈夫！　書いたお友達は先生にも見せてくださいね。

クリスマス会
待ちに待ったクリスマス会。ホールに全園児が集まって行います。年長児のキャンドルサービスも練習を重ね、しっかりと手に持って揺らさずに入場できるように。「先生、年長組になったら、キャンドル持てるんだよね」と、年少・年中児は、あこがれのまなざしで見ています。
クリスマスソングをうたったり、職員からは人形劇のプレゼントがあります。
12-084

よいお年を!!
先日、子どもたちに「年越しにそばを食べるのは、そばのように細く長く生きられるようにとか、切れやすいおそばを食べて一年の苦しかったことや嫌だったことを断ち切る意味があるんだよ」と話しました。
お子さんと年越しそばを食べながら一年を振り返ってみるのもよいですね。
12-086

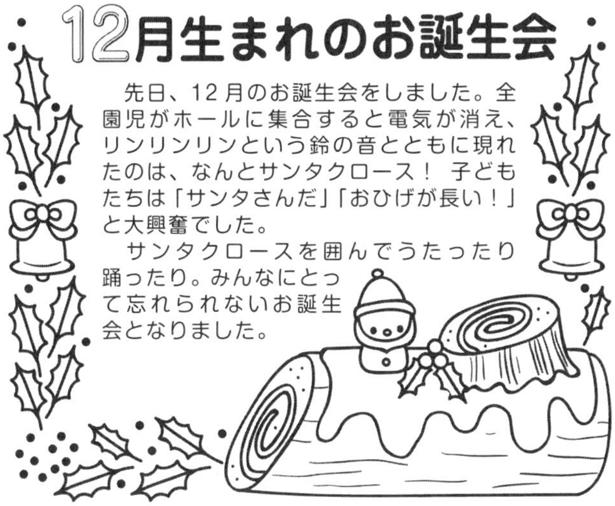
12月生まれのお誕生会
先日、12月のお誕生会をしました。全園児がホールに集合すると電気が消え、リンリンリンという鈴の音とともに現れたのは、なんとサンタクロース！　子どもたちは「サンタさんだ」「おひげが長い！」と大興奮でした。
サンタクロースを囲んでうたったり踊ったり。みんなにとって忘れられないお誕生会となりました。
12-085

12月の子どもの姿
行事をたくさん経験した2学期、毎日毎日が成長でした。特に運動会後は、友達を応援することで、相手もまた自分のことを応援してくれる。そんなお互いの思いやりが育ち、今月はなにごとにおいても話し合いで決めることができました。
来年はいよいよ小学生です。残された3か月を大切に過ごしていきたいと思います。
12-087

冬休みの注意

お正月も近づき、子どもたちは今から待ち遠しいようです。ごちそうが並ぶ機会も多いと思いますので、食べ過ぎには注意しましょう。

冬休みには「新聞をとってくる」「金魚のエサをやる」など、毎日できるお手伝いを、お子さんと決めてみてはいかがでしょうか。なにかしら自分の役割があるとがんばれるものです。できたら十分ほめて認めてあげてください。

12-088

お手伝いのすすめ

子どもたちに、冬休みの過ごし方を話しました。「おせち作るって言ってたよ」「お父さんが『大掃除だ』って言って窓ふきしていたよ。ぼくもお手伝いしたんだ」という声も。早くも年末の大掃除にとりかかっているご家庭もあるようです。ぜひ「いっしょに自分たちの家をきれいにしよう」と、お手伝いに誘ってみてください。

12-089

冬至

子どもたちが「きのうゆず湯に入ったよ」と教えてくれました。園で聞いた冬至の話を、家に帰ってからお母さんにもしたそうです。昔から、冬至にゆず湯に入ったりカボチャを食べたりすると、病気に効果があるといわれています。給食にもカボチャが登場。おいしそうに食べていました。

12-090

もちつき

もうすぐもちつき大会。

初めてきねを持つ子どもたちは、足の踏み込み方ときねの持ち方を教わりました。「重いね。つけるかな」「いっしょに持とうか」「ヨイショ！」会話が広がります。前の日は早めに寝て、力を蓄えておいてくださいね。

12-091

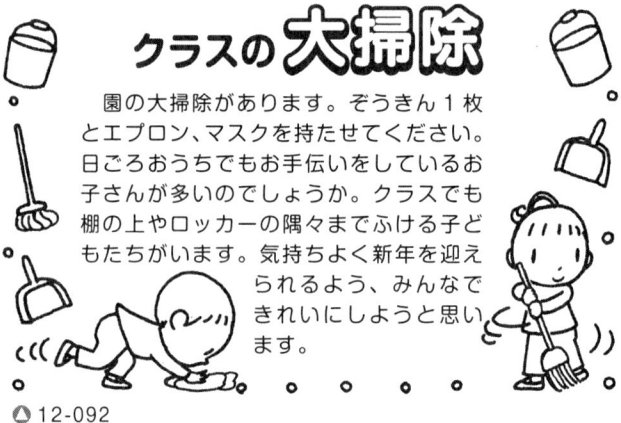

クラスの大掃除

園の大掃除があります。ぞうきん１枚とエプロン、マスクを持たせてください。日ごろおうちでもお手伝いをしているお子さんが多いのでしょうか。クラスでも棚の上やロッカーの隅々までふける子どもたちがいます。気持ちよく新年を迎えられるよう、みんなできれいにしようと思います。

12-092

ロッカーの中の持ち帰り

冬休み前日、子どもたちには、ロッカーの中の荷物を持ち帰ってもらいます。お道具箱や衣類などが入っているため、少し大きめの袋を持たせてあげてください。

衣類については、サイズをお確かめのうえ、洗濯してまた新学期に持たせてください。

12-093

終業式

来週は２学期の終業式です。あっという間に今年も終わりですね。ホールで、園長先生から冬休みの過ごし方や、お正月のお話もあります。この日に、ロッカーの中の物をすべて持ち帰りますので、大きめの袋を持たせてください。

12-094

食育

保健・安全

おもちのひみつ

焼くとやわらかくなり、膨らむおもち。膨らむのは、おもちの中の水分や空気が熱で膨張するから。つきたてのおもちは水分や空気が多いのでよく膨らみます。そのうえおもちは、実はごはんより消化がよいのです。ただし食べ過ぎないようにしてください！

12-095

みんなで楽しく食べるマナー

「先生、おいしいね」と、魚を上手に食べていた男の子。聞いてみると、おうちの人がほぐし方を教えてくれたのだそうです。食べ散らかさないようにするのは、いっしょに食事をする人、作ってくれた人に対するマナー。子どもにはなかなか難しいものですが、大人がお手本を見せることで、少しずつ身につけてほしいと思います。

12-096

みんなでおなべを食べよう

最近、子どもたちから「先生、きのうなべを食べたよ」という声がよくあがります。子どもたちに好きなおなべを聞いたところ、第1位すき焼き、第2位おでん、第3位水炊きでした。みんなでワイワイ食べられるのがおなべのだいご味。体を内側から温めて、寒い冬を乗り切りましょう。

12-097

インフルエンザ予防

感染した場合は、熱が下がって2日以上経過し、医師の許可が出るまで登園停止となります。予防には「手洗い・うがい」「十分な睡眠」「バランスのよい食事」はもちろん、「こまめな換気」「部屋の湿度を60％くらいに保つ」などが効果的です。予防接種を受けると安心でしょう。

●主な症状●

高熱、頭痛、筋肉や関節の痛み、けん怠感、食欲不振などが特徴。せき、くしゃみ、鼻水など、かぜと同じ症状も出る。脳炎などの重い合併症に注意。潜伏期間は2～7日。飛沫感染。

12-098

肥満チェック

乳幼児の体格は、カウプ指数を目安にします。22以上は肥満の範囲とされます。肥満は食べる量と運動により消費するエネルギー量のバランスが取れていないのが原因。食事の偏り・早食い・おやつのだらだら食い・ストレス・家族の食習慣などに気をつけましょう。

●カウプ指数の出し方●

$$\frac{体重(g)}{身長(cm)^2} \times 10$$

12-099

おたふくかぜがはやっています

●主な症状●

耳の下が腫れて、痛む。熱は3～4日で下がり、通常は1週間程度で治る。片方だけ腫れた場合、あとでもう一方が腫れることもある。合併症にも注意。潜伏期間は11～24日。飛沫感染。

以上の症状に注意して、疑わしい場合は医師の診断を受けてください。感染すると、腫れがひいて医師の許可が出るまで登園できません。

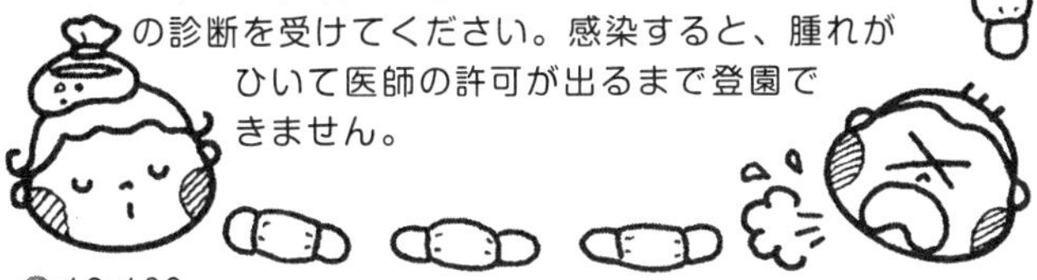

12-100

イラストと
おたより文例

1月

楽しい行事
お正月
新年お楽しみ会
マラソン大会／誕生会
生活、遊び
季節　飾りけい

楽しい行事

お正月

01-001

01-002

01-003

01-004

01-005

01-006

01-007

01-008

01-009

01-010

01-011

01-012

01-013

01-014

新年お楽しみ会

01-015

新年お楽しみ会（つづき）

01-016

01-017

01-018

01-019

01-020

01-021

マラソン大会

01-022

誕生会

01-023

01-024

01-025

01-026

生活、遊び

伝承遊び

01-027

01-028

01-029

01-030

伝承遊び（つづき）

01-031

01-032

雪遊び

01-033

01-034

01-035

01-036

01-037

01-038

かぜ予防

01-039

01-040

01-041

01-042

01-043

01-044

01-045

01-046

赤ちゃん

01-047

01-048

01-049

01-050

季節

01-051

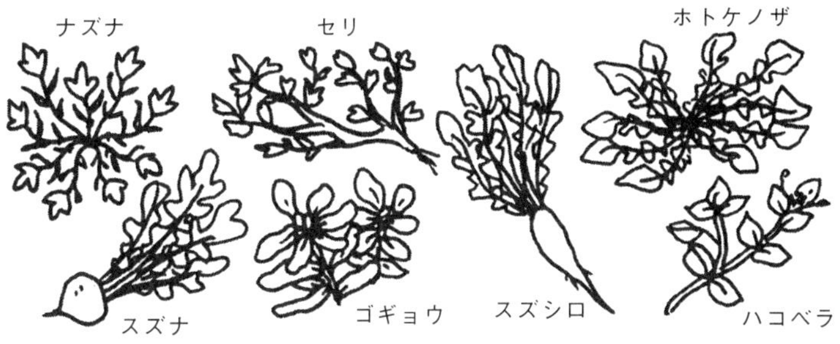
ナズナ
セリ
ホトケノザ
スズナ
ゴギョウ
スズシロ
ハコベラ

01-052

01-053

01-054

01-055

01-056

飾りけい

01-057

01-058

01-059

01-060

01-061

01-062

01-063

01-064

01-065

01-066

01-067

01-068

タイトル文字

クラスだより
01-069

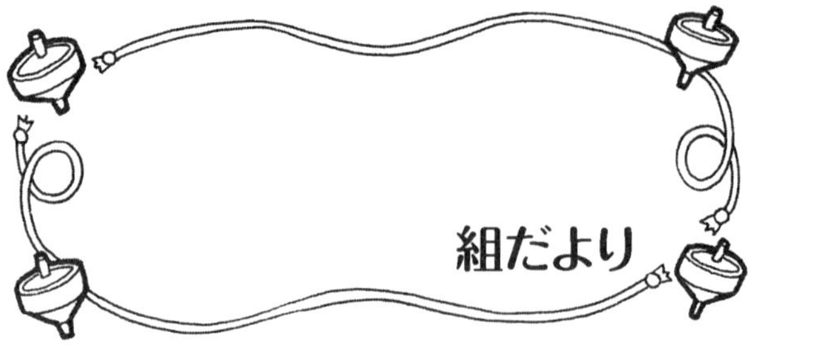
組だより
01-076

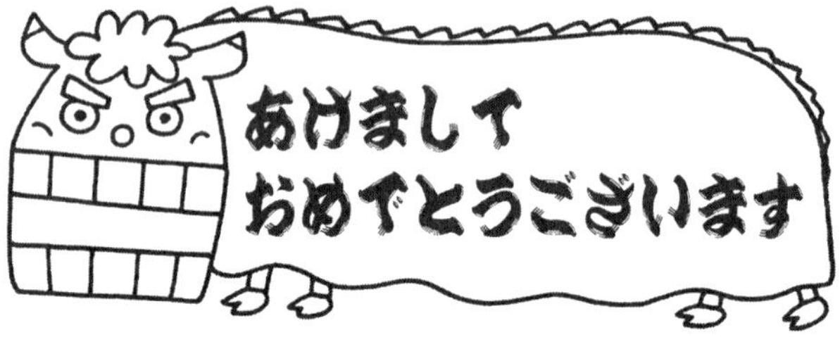
あけまして
おめでとうございます
01-077

お知らせ
01-070

1月の歌
01-071

お正月
01-078

1月
01-072

かぜが
流行しています
01-073

たこ
あげ
01-079

1月の予定
01-074

組だより
01-075

もちつき
01-080

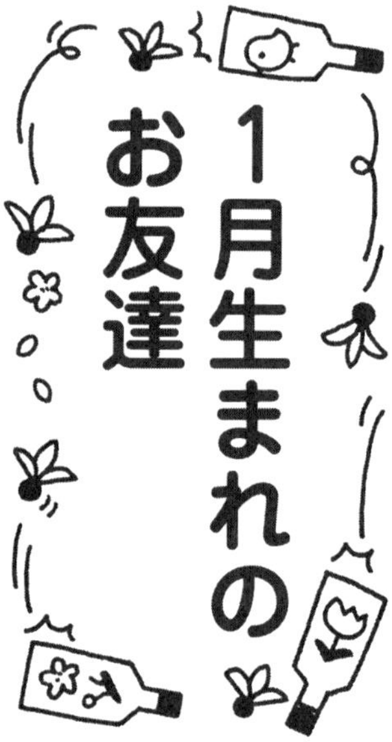
1月生まれの
お友達
01-081

書き出し文例

1月のあいさつ

- 一年の始め、凜《りん》とした空気のなかで始業式を迎え、子どもたちと心新たにあいさつを交わしました。
- 希望に胸膨らむ新春を迎え、子どもたちの笑顔がいっそう輝きます。
- 青い空に風花の舞う美しさが、ひととき寒さを忘れさせてくれました。
- 「笑う門には福来る」……笑うことは脳を刺激し、活性化させるだけではなく、健康にもよいといわれています。今年も大いに笑って幸せが世界に広がりますように。

子どもの姿

- 初日の出、初夢、初詣……、「初めて……する」ことを子どもたちと考えてみました。初笑い、初泣き、初すべり、初遊び……。園でも今年初めてすることがたくさんあって、にぎやかな「言葉探し」のひとときでした。
- 子どもたちが輪になって「かるた取り」を始めました。読み手のたどたどしい言葉、真剣にかるたを見つめる気迫……。そんな姿にすがすがしい子どもの世界がうかがえます。
- 「きのうはなかなか眠れなかったよ！」「ぼくも！」「だって、あしたから幼稚（保育）園だから！」「ドキドキしちゃったね！」小さな胸もキュンとするのですね。
- 登園するなり、友達同士お正月の経験を伝え合う子どもたち。「飛行機に乗っておばあちゃんの家に行ったんだよ」「ぼくと同じだ！」笑顔で共感し合う姿がほほえましい新年です。

家庭との連携

- 子どもたちは、生活発表会に向けて練習にはげんでいます。子どもたちの力が十分に発揮され、作り出す喜びが大いに感じられる過程にしたいと思います。「みんな違ってみんなよい」「十人十色」……一人ひとりの感じ方、考え方を大事にしながら、そのなかでの「対立」や「共感」「葛藤」を体験していける活動にしていきます。互いに意見の違いを認識し合い、そのなかからよりよいものを見つけ出そうとするエネルギーを育てていきたいと思っています。
- 子どもたちや保護者の方、保育者みんなで、1月中はなん度も「お芽でとう」を言い合いましょう。今年もたくさん「芽が出て、芽が出て、大きな木になりますように！」と健やかな成長を願うあいさつなのです。
- かるたは日本の優雅な文化財の一つ。言葉の美しいリズムは幼児期の子どもたちにも無理なく響きます。大人が流ちょうに読み上げる声は子どもの脳裏に確かに蓄えられていき、一生の宝になることでしょう。

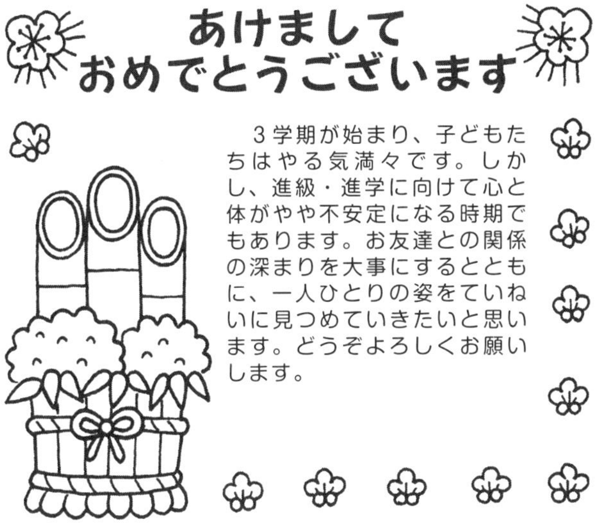
あけまして
おめでとうございます
3学期が始まり、子どもたちはやる気満々です。しかし、進級・進学に向けて心と体がやや不安定になる時期でもあります。お友達との関係の深まりを大事にするとともに、一人ひとりの姿をていねいに見つめていきたいと思います。どうぞよろしくお願いします。
01-082

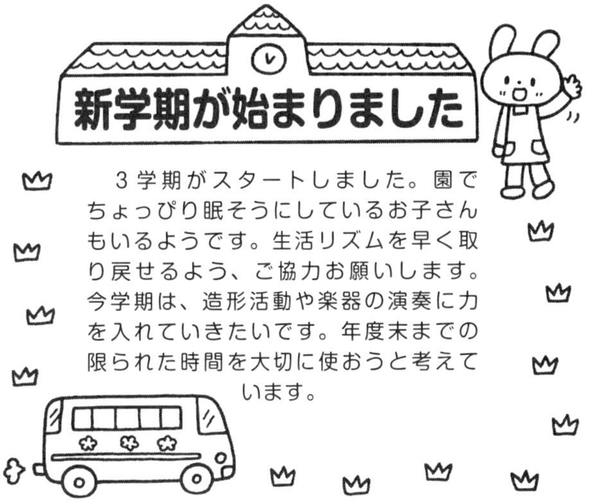
新学期が始まりました
3学期がスタートしました。園でちょっぴり眠そうにしているお子さんもいるようです。生活リズムを早く取り戻せるよう、ご協力お願いします。今学期は、造形活動や楽器の演奏に力を入れていきたいです。年度末までの限られた時間を大切に使おうと考えています。
01-084

お正月
「お正月に初詣でに行ったよ」「おせちを食べたんだ。おいしかった」「お年玉もらっちゃった」子どもたちは、それぞれにお正月らしい経験をしたようです。新しい年になり、わたしもこの一年どんな保育をしていこうか、ゆっくり考えました。今年もよろしくお願いいたします。
賽銭
01-083

お正月
子どもたちに、お正月に、どんな遊びをしたか聞いてみました。第1位はかるた、第2位はたこあげ、第3位は羽根つきでした。お正月ならではの遊びをおうちの人とできたようですね。もうすぐかるた大会。みんな今から楽しみにしています。
おとしだま
01-085

お誕生会

今年初、1月生まれのお誕生日の子どもたち。「いつもお正月といっしょなんだ」、こんな声も聞こえてきました。今月はおうちの方にも来てもらい、お誕生日の子にインタビュー。「どうしてこの名前にしたのですか」「なん時に寝ていますか」「お風呂は好きですか」楽しい質問がたくさん出ました。普段知らない子どもたちの一面を、知ることができて、楽しいひとときでした。

01-086

1月の子どもの姿

年末年始、おうちでゆっくり過ごした子どもたち。造形活動ではまず考えてから作れるようになってきました。どんなものを作ろうかとイメージしてから取り組んでいます。想像力も創造力も豊かになっているのですね。わたしたち職員も子どものイメージが広がるような言葉かけを心がけていきたいと思います。

01-087

1月の子どもの姿

子どもたちはこのごろ、スプーンやフォークを使って1人で食べられるようになってきました。「モグモグ」口もよく動いています。また、1人で階段の昇り降りもできるようになり、園庭への移動も歩いて行ける子が多くなりました。それだけに転ばないよう、目が離せない日々が続きます。成長を喜ぶとともに緊張感のある毎日です。

01-088

雪遊び

「冷たい、冷たい」と言いながらも、喜んで雪に触る子どもたち。風が強かったので、すぐに室内に戻れるようベランダで雪だるまを作りました。大・中・小と並んだ、ユニークな顔の雪だるまたち。お迎えのとき、見てみてください。

01-089

たこあげ

「先生、ぼくのたこあがったよ」とほおを真っ赤にしながら話してくれました。風の向きと、強さによっては、あげるのが難しいときもありますが、たこがあがったときは、「あがった、あがった」と大騒ぎ。とてもそう快な気分になりました。

01-090

鏡開き

1月11日は鏡開きの日です。ホールに飾っていた鏡もちで、給食の先生が、おいしいお汁粉を作ってくれます。鏡もちを割って食べると、その1年は健康に暮らせるといわれています。願いを込めて子どもたちとおいしくいただきます。

01-091

保育参観

来週、保育参観があります。子どもたちもおうちの人に、がんばっているところを見てほしいようです。いっしょに遊びたいという気持ちも強いようなので、保育に参加していただくこともあると思います。ご協力よろしくお願いします。

01-092

食育

おせち料理について

年神様にお供えするための料理だったおせち。一つひとつの料理には意味があります。
例えば
・黒豆…まめ（勤勉）に働き、まめ（健康）に暮らせますように。
・昆布巻…「よろこぶ」の語呂合わせ。
・たづくり…豊作を願う。
・数の子…子孫繁栄を願う。
ご家庭でも、おせちの由来について、話題にしてみてはいかがでしょうか？

01-093

七草がゆ

春の七草といえば、セリ、ナズナ、ゴギョウ、ハコベラ、ホトケノザ、スズナ、スズシロ。無病息災を願って食べる七草がゆには、お正月のごちそうで疲れた舌と胃袋を休ませる効果もあります。実は理にかなった昔からの風習なのです。子どもたちにも伝えていきたいものですね。

01-094

朝はみそ汁で！

寒い冬の一日のスタートには、温かいみそ汁がおいしいですね。みそ汁の具は、なにが一番好きか聞いてみたところ、「ワカメ」「ダイコン」という声が上がりました。栄養バランスを整えるためにも、朝食には具だくさんのみそ汁を添えたいものです。

01-095

保健・安全

厚着に注意!!

朝夕寒くなるとかぜ予防にと厚着をする子どもが増えますが、少しくらいの寒さなら薄着がおすすめ。皮膚が鍛えられて自律神経が強まり、体温調節が上手になります。子どもは平熱が高いので、衣類は大人より1枚少ないくらいでちょうどよいのです。寒いときには重ね着をするなど、こまめに衣類を脱ぎ着する習慣をつけ、厚着し過ぎないようにしましょう。

01-096

外遊びのすすめ

転んでも手が出ずに顔をすりむいたり、打撲をしたりする子どもが増えているようです。運動能力の発達には個人差がありますが、日常生活や自然のなかで遊ぶ経験をすることで、育つもの。また、日光を浴びると体内でビタミンDが作られ、歯や骨が丈夫になります。適度に日光を浴び、新鮮な空気に触れるのは子どもにとって大切なこと。寒さに負けずに戸外で遊び、危険を察知する力・機敏に動ける力を身につけていきましょう。

01-097

今どきのすり傷の処置

①流水で傷口を洗い流す ②止血する ③清潔なペーパーなどで患部の周囲をふく ④被覆材（食品用ラップフィルムで代用可）をはる。患部から浸出液が出るが、痛み・腫れがなければ2～3日そのままはっておく（はがれたら患部を流水で洗い、はり直す）。ただしけがの具合によりますので、医師と相談のうえ、治療してください。

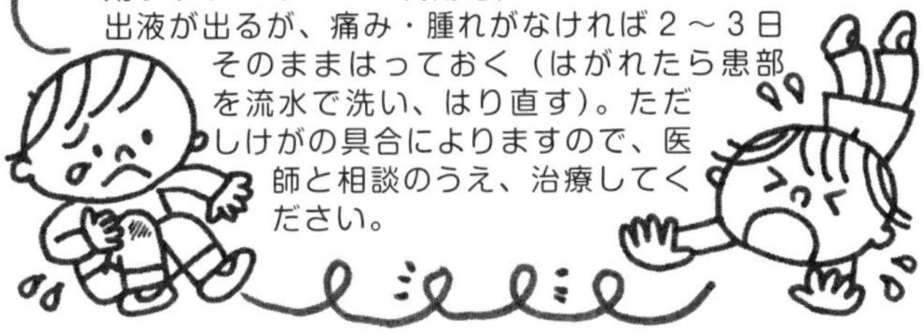

01-098

イラストと
おたより文例

2月

楽しい行事
- 節分
- バレンタインデー
- 発表会／一日入園
- 誕生会

生活、遊び

季節　飾りけい

楽しい行事

節分

02-001

02-002

02-003

02-004

02-005

02-006

バレンタインデー

02-007

02-008

発表会

02-009

02-010

02-011

02-012

02-013

一日入園

02-014

02-015

誕生会

02-016

02-017

02-018

02-019

生活、遊び

02-020

02-021

02-022

02-023

02-024

02-025

02-026

02-027

02-028

02-029

02-030

赤ちゃん

02-031

02-032

02-033

02-034

季節

02-035

02-036

02-037

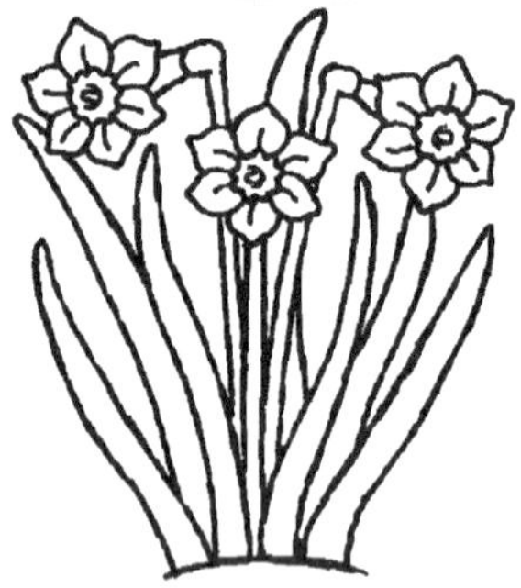

02-038

02-039

02-040

02-041

飾りけい

02-042

02-043

02-044

02-045

02-046

02-047

02-048

02-049

02-050

02-051

02-052

02-053

タイトル文字

クラスだより

02-054

組だより

02-055

お願い

02-056

発表会

02-057

豆まきのお知らせ

02-058

2月の歌

02-059

お知らせ

02-060

かぜに注意

02-061

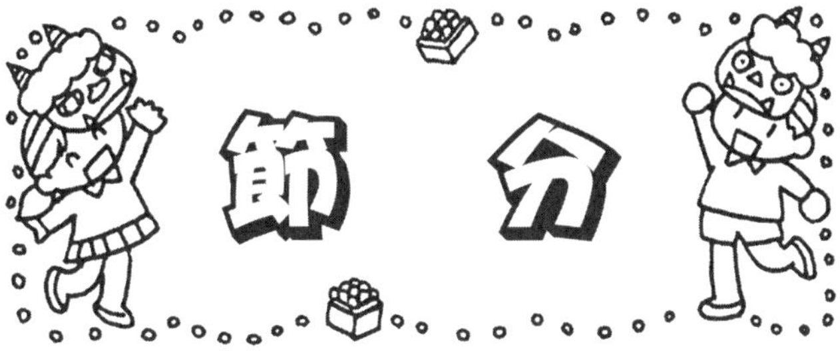
節分

02-062

2月の予定

02-063

2月生まれ
の
お友達

02-064

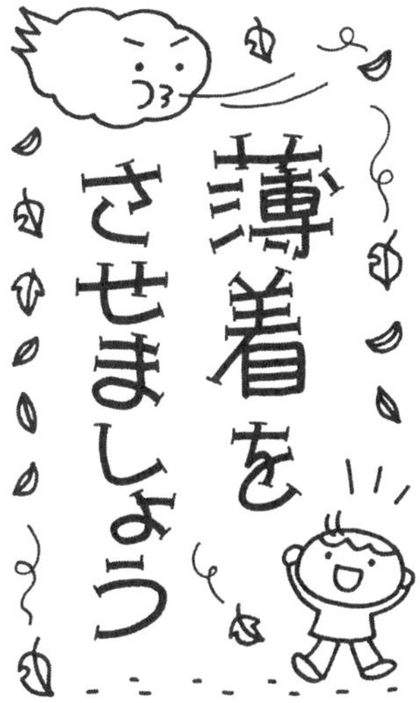
薄着を
させましょう

02-065

書き出し文例

2月のあいさつ

- ウメの花のつぼみは、もうすっかりはじけて、ほのかな香りを漂わせています。
- 日だまりに春の香りが……、枯草の間に、いつの間に顔を出したのか、小さな青い芽吹きを見つけることができます。
- まだかな？　春一番。春を待つ心がうきうきしてきます。
- 少しずつ春の息吹が感じられるようになりました。暖かい日ざしに誘われて子どもたちも元気に園庭を駆け回ります。
- 「鬼は外！　福は内！」と福の神を迎える豆まきの日。

子どもの姿

- 「鬼が来たらぼくたちが先生を守ってあげる！」現れた鬼に豆を投げながら、あの勢いはどこへやら……。どんどん後ずさりする子どもの姿がかわいい豆まきでした。
- 最近、大なわとびが人気です。「郵便やさん、落とし物……」きのうは100回以上も跳べた年長の女の子がいました。集中力・体力の充実がうかがえます。
- 大道具や小道具、衣装もそろって、すっかり役になりきって遊ぶ子どもたち。発表会の日を楽しみにしています。
- 砂をおだんごのように丸めていた女の子たち……、「わたしは今、バレンタインデーのチョコレートを作っているの！」保育者にも心のこもったチョコレートを一つおすそわけしてくれました。

家庭との連携

- 音楽会を前に、合奏の練習をしながら、子どもたちの意識が徐々に、指揮の保育者に向かって高まっていくのがわかります。一心に見つめ、保育者が出すメッセージを全身で受け止めて、そのまま声や楽器の音に表現していきます。保育者と子どもたちの信頼の糸が響き合って一つの音楽が生まれます。
- いつの間にか「バレンタインデー」が話題となり始め、女の子たちはチョコレート談義に花を咲かせています。幼児期のたわいのない恋心は純粋でほほえましいものです。しかし、実際にチョコレートを授受することで、周囲の子どもたちやご家族には、不愉快な思いをさせてしまうことがあります。幼稚園でのチョコレートのやり取りは禁止にしたいと思います。それぞれのご家庭で、バレンタインデーをお楽しみいただけたらと思います。

発表会
発表会に向けて、昨年より『おおきなかぶ』の絵本を読み聞かせてきました。そのあと劇ごっこを楽しむうちに、だんだん自分のやりたい役が決まってきたようです。今年に入ってからは、配役も決定。「うんとこしょ、どっこいしょ」と最近では元気なかけ声が部屋中に響きます。どうぞお楽しみに。

02-066

小学校訪問
もうすぐ小学校訪問。年長児が小学校より招待を受け、訪問する日です。
卒園・入学を控えたこの時期、子どもたちの間では入学準備の話でもちきり。「ランドセル買った？」と小学生になるのが待ちきれないようです。体育館や教室の様子を見て、子どもたちはどんな反応をするのでしょう。またご報告します。

02-068

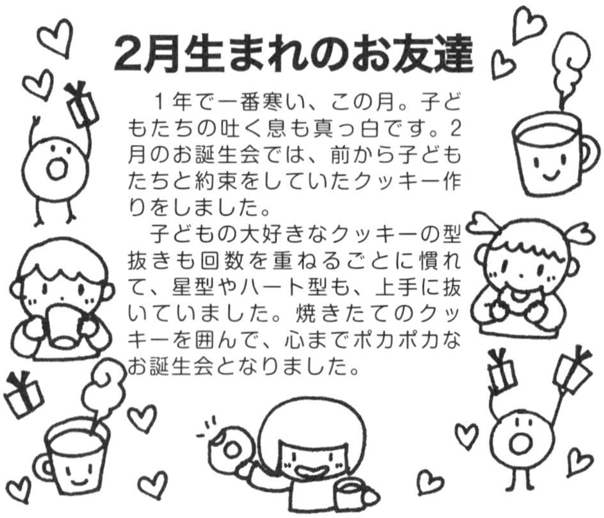
2月生まれのお友達
１年で一番寒い、この月。子どもたちの吐く息も真っ白です。2月のお誕生会では、前から子どもたちと約束をしていたクッキー作りをしました。
子どもの大好きなクッキーの型抜きも回数を重ねるごとに慣れて、星型やハート型も、上手に抜いていました。焼きたてのクッキーを囲んで、心までポカポカなお誕生会となりました。

02-067

2月の子どもの姿
「先生、この帽子きつくなってきた」「上履きが小さくなったよ」子どもたちの言葉から、この１年の成長を実感する毎日です。年少と年長に挟まれた年中さん。「甘えたい。でもお兄ちゃん、お姉ちゃんにもなりたい」と複雑な時期です。一人ひとりをしっかり受け止め、残り１か月を楽しく過ごしたいと思います。

02-069

節分

豆まきがありました。ホールで園長先生のお話を聞いていたところ、園庭から「ガオー」と赤鬼、青鬼の登場。あまりの迫力に大泣きする子どもも続出して大慌てでした。でも年長さんが持っていた豆をぶつけ「鬼は外、鬼は外」と戦ってくれました。とても頼もしい姿でした。

02-070

マラソン大会

来週、マラソン大会があります。
「1、2、1、2」「ファイト、ファイト」と
元気なかけ声が毎朝園庭から聞こえています。
汗ふきタオルの洗濯、
毎日ありがとうございます。
マラソン大会の参観をご希望の方は、
担任までお知らせください。

02-071

食育

恵方巻きの由来

節分の日、自分の年の数だけ豆を食べると１年間無病息災で過ごせるといわれています。関西地方では、節分の日に食べる物として「恵方巻き」と呼ばれる巻きずしがあります。その年の吉方向を向きながら丸１本の巻きずしにかぶりつくという風習です。この日の給食では恵方巻きを食べました。「願い事をしながら食べるんだよ」と声をかけると「速く走れますように」「一輪車に乗れますように」などの願い事をしたようです。子どもたちの願いがかないますように。

02-072

かぜをひいたときの食事

寒さが厳しくなったせいか、このところかぜでお休みする子どもが増えています。先日「先生、のどが痛くて給食が食べられない」という子どもがいました。こんなときは、栄養より体から失われた水分を補給することが先決です。おかゆも嫌がるようなら、お茶やプリン、ゼリーなど、のどを刺激しないもので、水分とエネルギーを補給するとよいでしょう。

02-073

保健・安全

花粉症

鼻水やくしゃみが止まらなくなり、目・鼻・皮膚がかゆくなる花粉症。花粉がよく飛び、症状がひどくなるのは、雨の翌日でよく晴れた日、風が強く空気が乾燥した日、気温の高い日など。症状を軽減するには、睡眠、栄養のバランスが大切。花粉が飛び始めたら、窓を閉め、布団や衣類についた花粉をよく落としましょう。

02-074

流行性おう吐下痢症に注意

下痢・おう吐・発熱を伴うかぜが流行中です。下痢の回数が多く食欲が落ちるため、脱水症状を起こす場合があります。水分補給に注意してください。乳児の場合はおしりを清潔にしておむつかぶれ対策をしてあげましょう。ロタウイルスが原因の場合、おう吐とともに白色～クリーム色の水様便が頻繁に出ます。日ごろからうがい手洗いを習慣づけて予防しましょう。潜伏期間は１～３日。経口感染、飛沫感染。主な症状がなくなれば登園できます。

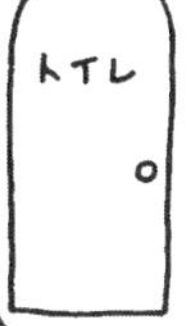

02-075

2月

イラストと
おたより文例

3月

楽しい行事
- ひな祭り／卒園式
- お別れ会／お別れ遠足
- 耳の日／大掃除
- 誕生会

生活、遊び

季節　飾りけい

楽しい行事

ひな祭り

03-001

03-002

03-003

03-004

03-005

03-006

03-007

卒園式

03-008

03-009

03-010

03-011

03-012

03-013

03-014

03-015

03-016

お別れ会

03-017

03-018

03-019

03-020

03-021

お別れ遠足

03-022

03-023

03-024

03-025

03-026

耳の日

03-027

03-028

大掃除

03-029

03-030

誕生会

03-031

03-032

03-033

03-034

生活、遊び

03-035

03-036

03-037

03-038

03-039

03-040

03-041

03-042

03-043

03-044

03-045

赤ちゃん

03-046

03-047

03-048

03-049

03-050

03-051

03-052

03-053

季節

03-054

03-055

03-056

03-057

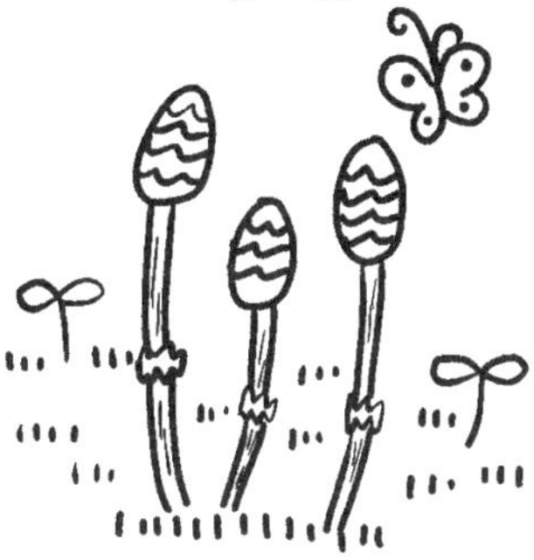

03-058

03-059

03-060

03-061

飾りけい

03-062

03-063

03-064

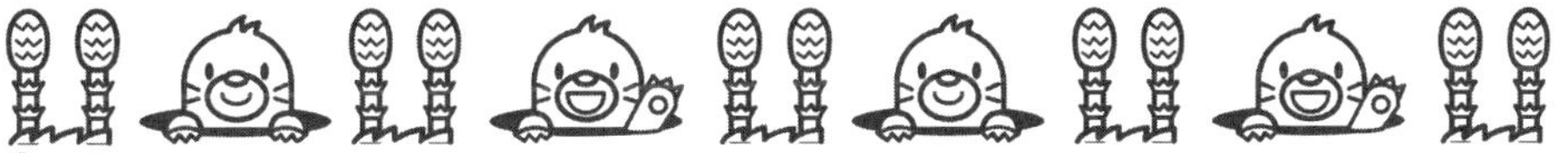

03-065

03-066

03-067

03-068

03-069

03-070 03-071 03-072 03-073

クラスだより
03-074

3月の歌
03-075

耳の日
03-076

3月の予定
03-077

お知らせ
03-078

もうすぐ一年生
03-079

3月生まれのお友達
03-080

組だより
03-081

お別れ遠足
03-082

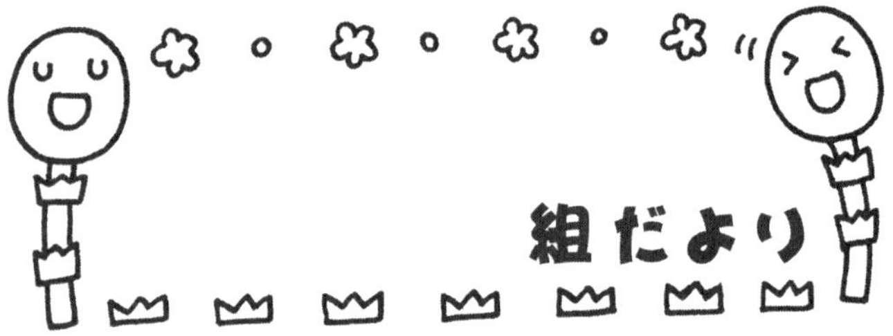
組だより
03-083

大掃除
03-084

終業式
03-085

卒園式
03-086

書き出し文例

3月のあいさつ

- 枯れ草の間には、緑の芽吹きを見つけることができます。春の香りが子どもたちを青空の下に誘います。
- そろそろ啓ちつ。冬眠していた虫たちが穴からはい出してくるころです。でも子どもたちは、一年中カエルや、バッタに負けないくらい飛び跳ねています。
- 春の息吹が冷たい風のなかにも感じられるこのごろです。重いコートを脱いで、心も体も軽やかです。

子どもの姿

- 「園で食べるお弁当もこれが最後だね」……こんな言葉を友達と交わしながら、卒園の日が近いことを感じているようです。
- 卒園の日まであと１週間あまり。残り少ない日々をクラスの友達や園中の友達とともに、楽しく充実して過ごしていきたいと思います。
- 子どもたちはもうすっかり小学生としての自覚を胸に秘めていることでしょう。卒園式の練習を行い、またおうちでは机やランドセルを買ってもらい、小学校への期待がどんどん広がっているようです。
- 園とのお別れの記念に、パンジーの花を植えました。「ぼくたちの代わりに、ずーっと園にいるんだね！」……心に響く言葉でした。

家庭との連携

- 一年間のお役、いろいろな行事のお手伝いをしてくださった保護者の皆様、ありがとうございました。クラス役員、子ども係、渉外係、連絡網のトップの方、各行事のお手伝い……それぞれに十分なご協力、お力添えをいただきまして無事この一年を終えることができました。本当にありがとうございました。
- 保育者にほめられると大はりきりし、しかられると素直に「ごめんなさい」が言える子どもたち。保育者を信頼してくれている子どもたちを悲しませないよう、わたしどもも慎重にこれから人生を歩まねばと心新たにさせられます。
- お別れ遠足では、心地よいピクニックができ、また一つ心に残る思い出となりました。大きなゾウさん。愛きょうのあるおサルさん。あちこち身軽に跳びまわるリスの子たち。ひざの上にのせた小さなハムスター。動物たちを見つめるまなざしが、優しく穏やかな子どもたちでした。
- 子どもたちの健康や、豊かな成長を願うおうちの方の温かいお心が込められたお弁当に、わたしたちもいつも感激させられていました。

お別れ会

先日クラスのお別れ会をしました。子どもたちには、「4月からは、1つ上のクラスになるのよ」と説明しました。

「先生といっしょがいい」とかわいい手でわたしに抱きついてきてくれた子どもたち。思わずわたしは涙、涙でした。進級という喜びのなかにいても、お別れのせつない気持ちをもってくれている子どもたち。成長を感じ、うれしくなりました。

03-087

お別れ遠足

卒園を控えた園児たちとのお別れ遠足は、電車に乗って出かけます。卒園後は、クラスのみんなが同じ小学校に進学するわけではありません。この遠足が、「みんなで過ごしたよい思い出」となるように、職員みんなで計画中です。春休み中、けがや病気をしないように体調管理にお気をつけください。

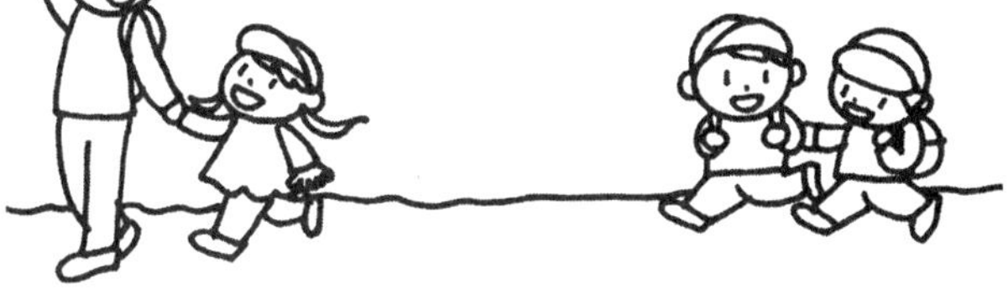

03-089

もうすぐ春休み

あと１週間で３学期も終わり。進級を控えた春休みは、一番気持ちが浮つく時期。園生活から離れるこの時期は、事故が起こりやすくなります。友達と遊びに行く際など、車には十分気をつけてください。４月にまた元気なみんなに会えることを楽しみにしています。

03-088

もうすぐ小学生

卒園児は入学への期待で胸をはずませながら、春休みを過ごしていることと思います。「小学校に持って行く筆箱を買ったよ」と、卒園児の一人が話してくれました。ご家庭でも、入学の準備を徐々にしているようですね。

春休み中にぜひ、お子さんが通う小学校の登下校ルートをいっしょに歩き、通学路の確認をしていただきたいと思います。

03-090

3月生まれのお誕生会

桃の節句の日に、３月のお誕生会をしました。一人ひとり、お友達から「○○ちゃんのよいところ見つけたよ」という発表会をしました。自分のことをほめられて少し照れくさそうな子どもたちでしたが、１年でとても優しいお兄さん・お姉さんになり、大きく成長しました。ホールに飾られたおひなさまをバックに記念撮影もしました。

03-091

3月の子どもの姿

園庭の花壇には、スイセンが咲き始めました。「先生、お花の香りがいいよ」と子どもたちが言いに来てくれます。入園当初は、「おうちに帰りたい」と門にしがみついていたのに、今では小さなお友達の手を引いて遊んであげている場面をよく見かけます。園生活にも慣れ、４月には新入園児を迎えるクラスになりました。１年の成長って、すごいものですね。

03-092

3月の子どもの姿

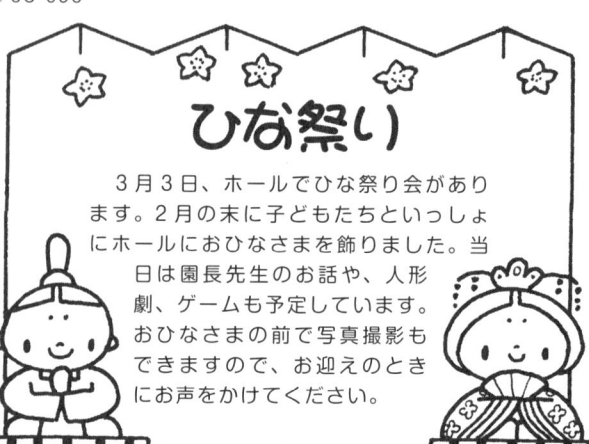

１人ではやれなかったことも、友達といっしょにやることで力を発揮できるようになるようです。子どもたちのパワーを感じる１年でした。特に印象深かったのは運動会。どうしても苦手な動きがあり、できなくてあきらめていた友達を励まし、昼食後や園庭遊びのときに、クラス全員で協力し、練習していたことです。見ていて胸が熱くなりました。子どもたちに会えたことに、今は感謝の気持ちでいっぱいです。

03-093

卒園アルバムへのご協力をお願いします

卒園アルバムを作りたいと思います。おうちの方にとっても、書ききれないほどの思い出があると思います。お忙しいとは思いますが、子どもとのうれしかった思い出をお書きいただければと思います。

03-094

耳の日

３月３日は耳の日です。先日、子どもたちと耳を澄ましてどんな音がするのか、聞いてみました。風の音、水の音、鳥の声などいろいろな音が聞こえました。自然が奏でる音に気づける子どもに成長してほしいと思いました。

03-095

卒園式

年長組のお友達、ご卒園おめでとうございます。みんなから、先生はたくさんの勇気と優しさをもらいました。大きな夢に向かって歩いていく子どもたちに心からエールを送ります。

保護者の皆様にはいつもバックアップをしていただき、心から感謝しています。本当にありがとうございました。

03-096

ひな祭り

３月３日、ホールでひな祭り会があります。２月の末に子どもたちといっしょにホールにおひなさまを飾りました。当日は園長先生のお話や、人形劇、ゲームも予定しています。おひなさまの前で写真撮影もできますので、お迎えのときにお声をかけてください。

03-097

食育

好き嫌いをなくそう

家では食べられない食べ物も、園などの集団の場ではパクパク食べる子どもがいるようです。「家では食べないのに…」という保護者の声を聞いて驚くばかり。周りの環境によって、ほかの子どもたちがおいしそうに食べているのを見ると自然と、口に運ぶことができるのでしょうか。お友達の力ってありがたいものですね。

03-098

ひなあられ・ひしもちの秘密

ひなあられは、野外で神様を祭るときのお供え用として作られたものだといわれています。もともとは四季を表す、桃・緑・黄・白の４色だったようです。一方、ひしもちは桃・白・緑の３色。桃の花を表す桃色が魔よけ、雪を表す白が子孫繁栄や長寿、新緑を表す緑が健康や厄よけの意味をもつそうです。ひな祭りには欠かせないお菓子です。

03-099

朝ごはんを食べよう！

登園してきてもボーッと座り込んでいたり、イライラして友達とけんかしたりする子のなかには、「朝食抜き」の子が多いようです。朝食をとることで、脳が活発に動き、体も活動し始めます。朝ごはんをしっかり食べて一日のスタートを切りましょう。

03-100

保健・安全

水ぼうそう

●主な症状●

虫さされのような発疹が頭、口の中、体にできる。少しずつ水泡になり、２～３日で乾き、かさぶたに。微熱が出る。１週間程度で治る。潜伏期間は２～３週間。飛沫感染、接触感染。

発疹が消えてかさぶたになり、医師の許可が出たら登園できます。

03-101

交通事故をなくそう

子どもの交通事故の大半が、６歳以下の幼児。なかでも飛び出し事故が多く見られます。目的の所へ行きたい気持ちが先に立ち、車が来る前に渡ろうと焦ったりするのが一因のようです。「止まれ！」と声をかけてもすぐに止まれず、数歩歩いてしまう子もいます。「道路を渡るときは、止まる・見る・手をあげる」「信号が黄色・点滅の場合は青になるまで待つ」習慣が身につくよう、日ごろから大人がよいお手本になりましょう。

03-102

病気に負けない体

春に向けていろいろな感染症が流行します。十分な栄養・睡眠をとり、よく体を動かすよう心がけましょう。また、目標のある楽しい生活は、免疫力を高めるようです。お子さんが楽しい目標をもてる保育を園でも心がけていきます。

03-103

3月

さあ！ パソコンで作ってみよう!!

ここでは、Windows Vistaで動くOffice2007を使った操作手順を紹介します。
本書付属のCD-ROMに収録されているさまざまなテンプレートやイラスト、文例を使って、
楽しくてワクワクする「おたより」や「掲示物」を作ってみましょう！
＊お使いのパソコンWindowsの動作環境によって、操作方法や画面表示が異なる場合があります。

CONTENTS

クリック 本書で紹介している「クリック」は、お使いのマウスの「左ボタンを押す」という意味です。

右クリック 「右クリック」は、マウスの「右ボタンを押す」という意味です。

ダブルクリック 「ダブルクリック」は、マウスの「左ボタンを２回続けて押す」という意味です。

ドラッグ マウスポインタを画面上でクリックしたまま、マウスを移動させること。イラストや図形などを移動させるときに使う操作です。

ドラッグ&ドロップ マウスポインタを画面上でクリックして、その状態のままマウスを移動させて、目的の場所で、クリックした指を離す操作です。

CD-ROMをご利用になる、その前に！

パソコンに必要な動作環境

本書付属のCD-ROMは、Windowsのみに対応しており、Microsoft Officeがインストールされたパソコンでご利用いただけます。

■Windows95以上のOSで起動するパソコン
Windows Vista、Windows XP、Windows Meで動作することができます。

■Microsoft Office
Office 2007、Office 2003、Office 2002

■CD-ROMをご利用いただくには、パソコンにCD-ROMドライブまたは、CD-ROMを読み込めるDVD-ROMドライブが必要です。

ご注意

本書付属のCD-ROMはCDではありませんので、パソコンのCD-ROMドライブまたは、CD-ROMを読み込めるDVD-ROMドライブのみでお使いください。

データの使用許諾について

本書付属のCD-ROMに収録されているイラストデータおよびテンプレートは、本書をご購入されたお客様のみに使用が許可されます。
「園だより」や「保育新聞」「カード」や「掲示物」など営利を目的としないものに使用できます。
園の広告、PR、ホームページには使用できません。
本書付属のCD-ROMに収録されているデータを無断でコピーしたり配布することは、著作権法で固く禁止されています。

CD-ROM取り扱い上の注意

本書付属のCD-ROMを使用して生じたデータ消失、ハードウエアの損傷等に関しては、いかなるトラブルも補償できません。お使いのパソコンの説明書や注意をよく読んでからご使用ください。

今すぐ！

テンプレートで作ってみよう！

P24～29のテンプレート見本に、自分の文章や内容に合うイラストを組み合わせると、オリジナルの「園だより」「クラスだより」などができあがります。
まずは、P27のテンプレート見本を使って、実際にやってみましょう。

「プール開きのお知らせ」を作ってみよう！

STEP 1 テンプレートを開こう

P24～29のテンプレート見本から使いたいファイル名を控えて付属のCD-ROMから選び、デスクトップにファイルをコピーします。
＊ここでは、P27の「プール開き」のテンプレートを使って説明します。

1 CD-ROMをパソコンに入れる

付属のCD-ROMのデザインされている面を上にして、パソコンのCD-ROMドライブに入れます。
挿入したらWindowsスタートメニュー内の「コンピュータ」をクリック。

＊CD-ROMを入れる方法は、お持ちのパソコン専用の説明書をご覧ください。

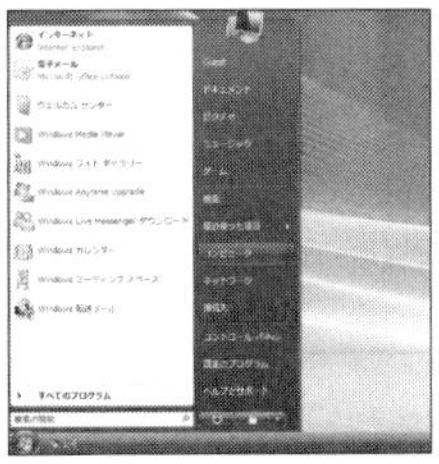

2 CD-ROMを開く

「コンピュータ」内に表示されているCD-ROMのアイコンをダブルクリックすると、CD-ROMの中身のすべてが表示されます。

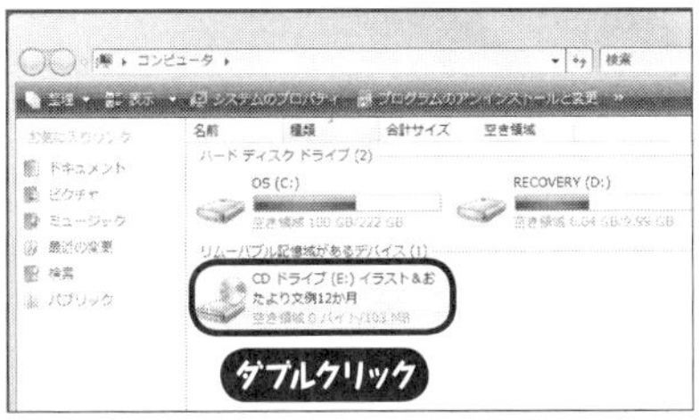

3 テンプレートフォルダを開く

使いたいテンプレート見本のフォルダ名に従って開きます。「プール開き」のテンプレートは、「Template」に入っているので、このフォルダをダブルクリックして開きます。

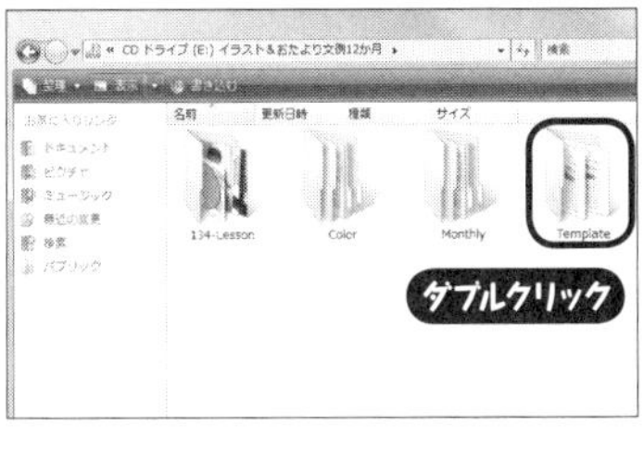

4 ファイルをデスクトップにコピーする

使いたいファイル名を見つけます。ここでは、「プール開き」のファイル名「P27-002」を見つけ、ファイル上にマウスポインタを合わせてドラッグし、デスクトップの上まで持っていきます。

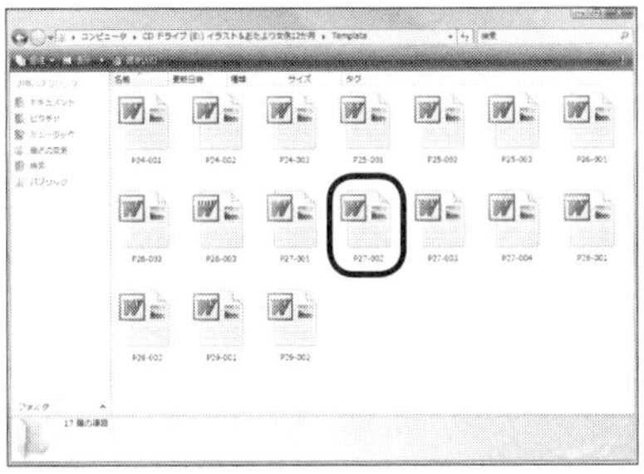

5 ファイルを開く

「P27-002」というファイルがデスクトップに表示されたら、それをダブルクリック。

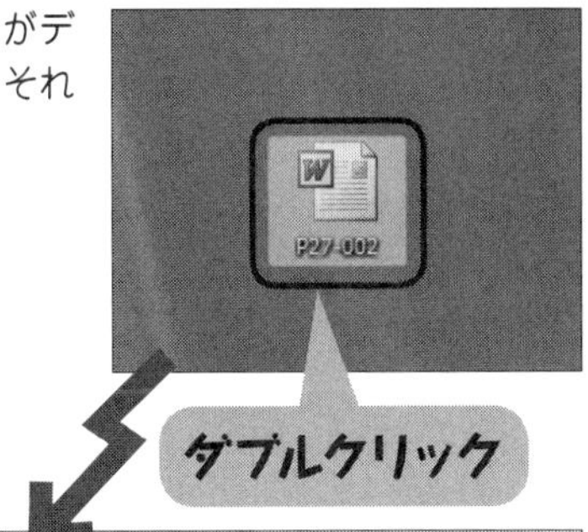

Wordが起動して、ウィンドウが開きます。

STEP 2
文章を変えてみる

**テンプレート見本に書いてある文章を
用途に合わせた内容に変えましょう。
ここではテンプレート見本「プール開き」を使って、
文章を変更する手順を説明します。**

1 変更したい文章を選択する

変更したい文章の先頭の部分へ、マウスポインタを持っていきます。マウスポインタが下図のような形になったらクリックします。

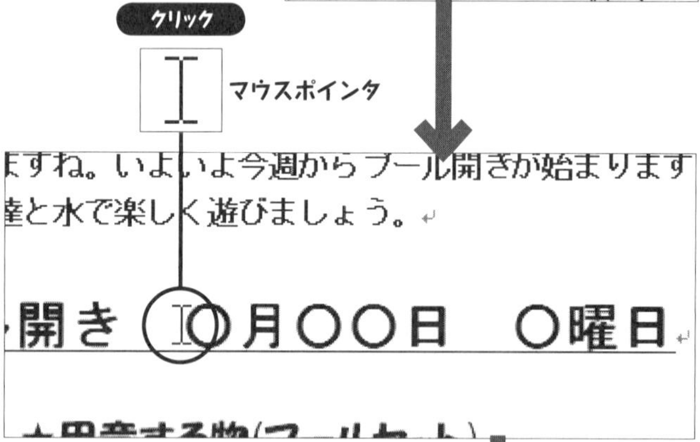

クリックすると、その文章が入っている枠(テキストボックス)が表示されます。

変更したい文章の先頭でマウスをクリック。変更したい文章の終わりまでドラッグしてマウスのボタンを離す(ドラッグ&ドロップ)と、選択された場所が帯状になります。

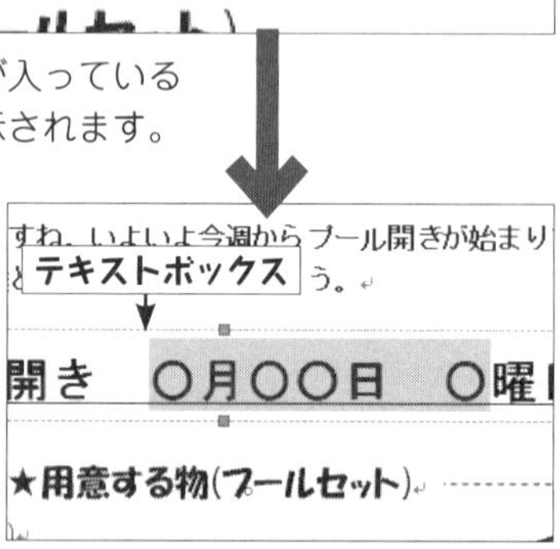

2 文字を入力する

文字が選択された状態のまま、キーボードを使って新しい文字（文章）を入力します。

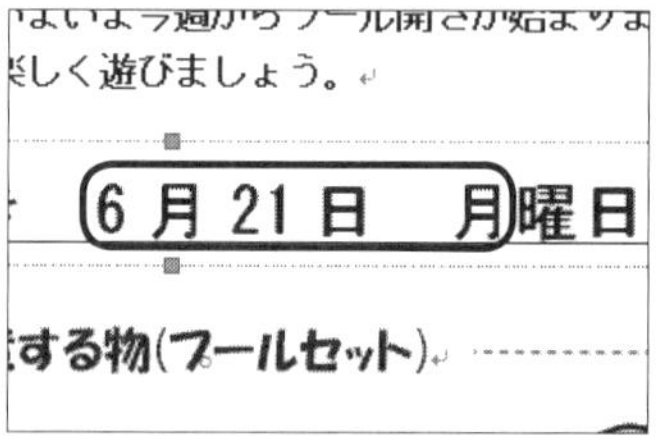

＊文章がテキストボックスで作成されていない場合は、変更したい文章をそのままドラッグして文字入力してください。

3 テキストボックス(文章の枠)のサイズを調整する

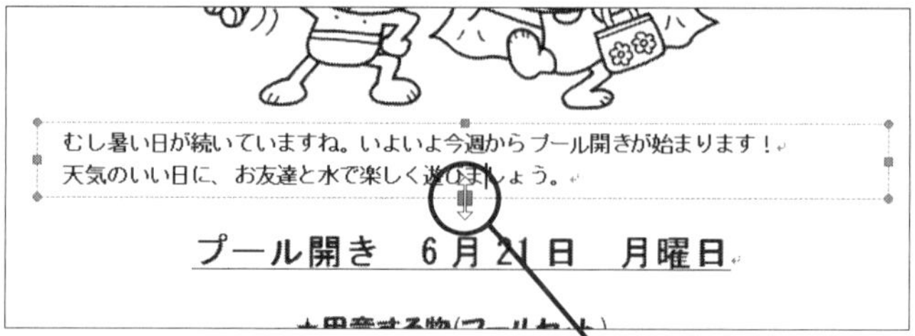

新しく入力した文字が全部入らない場合は、テキストボックスのサイズを変えることができます。手順①にあるテキストボックスに表示される■や●のマークにマウスポインタを合わせると、右図のような形になります。

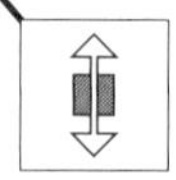

＊表示される■や●のマークは、Wordのバージョンによって異なります。

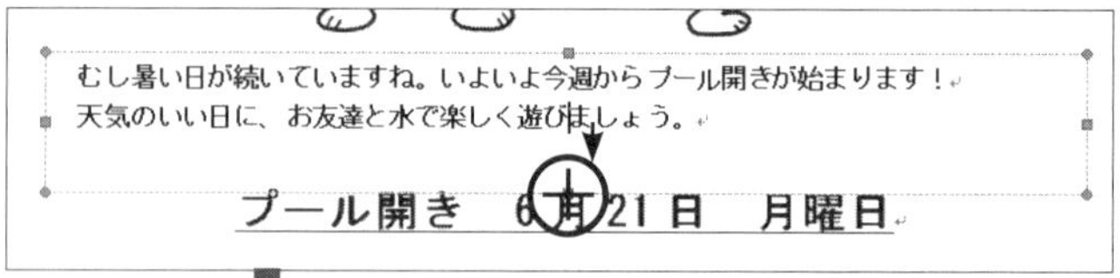

そのままドラッグするとマウスポインタが ＋ の形になり、ドラッグした分だけ広がります。

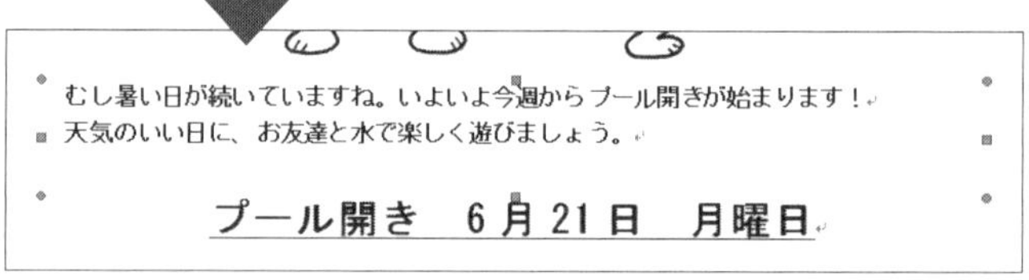

マウスから指を離すと、テキストボックスのサイズが変わります。文字が全部入ったか確認してください。

ONE POINT!

テキストボックスは上下左右に伸び縮みする！

手順①の要領で、テキストボックスの枠上の8つの■や●のマークにマウスポインタを合わせて左右上下に動かすと、テキストボックスのサイズが変わります。

上下方向にサイズが変わります。

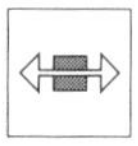
左右方向にサイズが変わります。

上下左右、同時にサイズが変わります。

STEP 3
文例データに置き換える

テンプレート内の文章を付属のCD-ROMにある他の文例に置き換えます。まずは、使いたい文例を選びましょう。

1 テンプレートを開く

P125のSTEP1の要領で、「プール開き」テンプレート(P27-002)をデスクトップにコピーして、ファイルを開きます。

2 文例を開く

まず、上記のテンプレートファイルのウィンドウを一度隠します。右図にある「最小化」をクリックすると隠れます。
次にP125のSTEP1手順③〜⑤の要領で、使いたい文例のファイルをデスクトップにコピーして開きます。

「Monthly」→「06」→「06-text」の順に開き、「06-089」をダブルクリックすると文例が開きます。

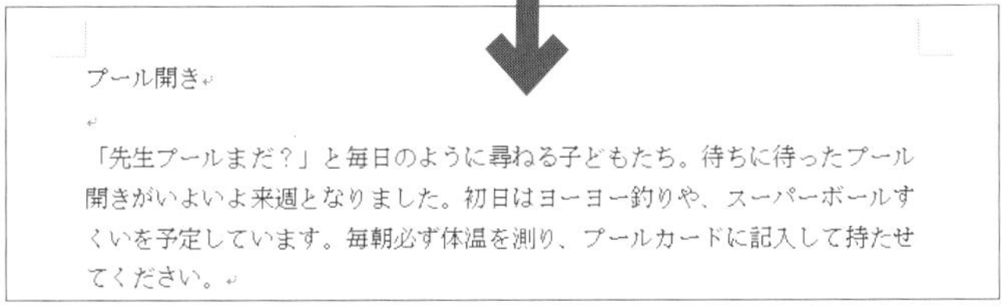
プール開き

「先生プールまだ？」と毎日のように尋ねる子どもたち。待ちに待ったプール開きがいよいよ来週となりました。初日はヨーヨー釣りや、スーパーボールすくいを予定しています。毎朝必ず体温を測り、プールカードに記入して持たせてください。

3 文例をコピーする

P126のSTEP 2の①の要領で文章を選択します。文章が帯状になったら、右クリックし表示されたメニューから「コピー(C)」を選択します。

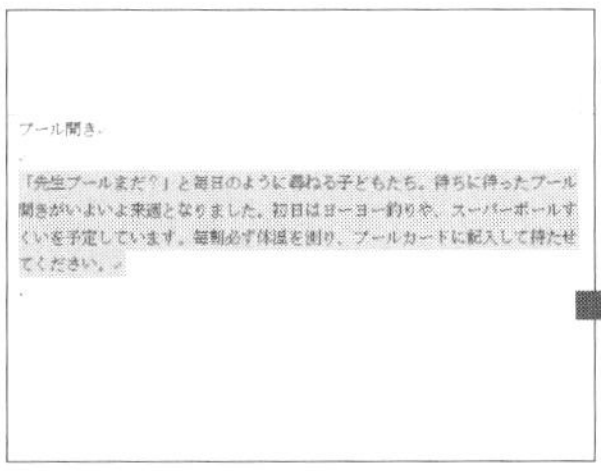

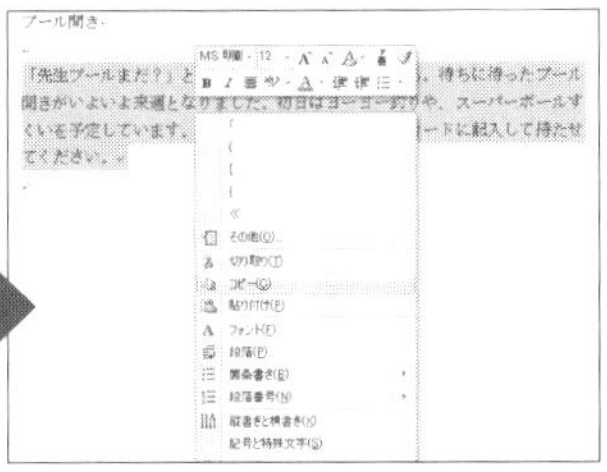

4 テンプレート見本に戻る

ウィンドウ下にある「タスクバー」の「P27-002」をクリックし、再び画面を表示します。

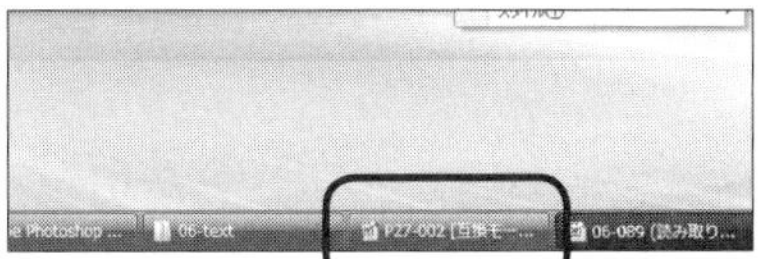

複数のウィンドウが開いている場合は、見たいほうのウィンドウをクリックすると、そちらが上に表示されます。

5 文例をテンプレートにはりつける

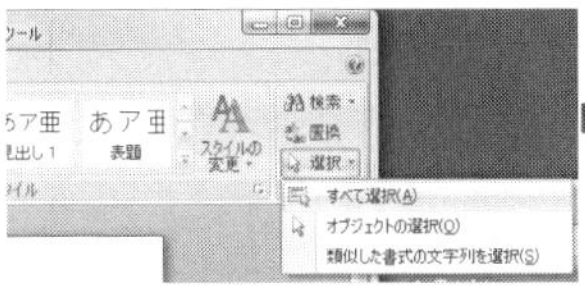

置き換えたい文章のテキストボックスを選択（STEP 2の①を参照）し、「ホーム」タブの編集メニューの「選択」から「すべて選択（A）」を選択します。

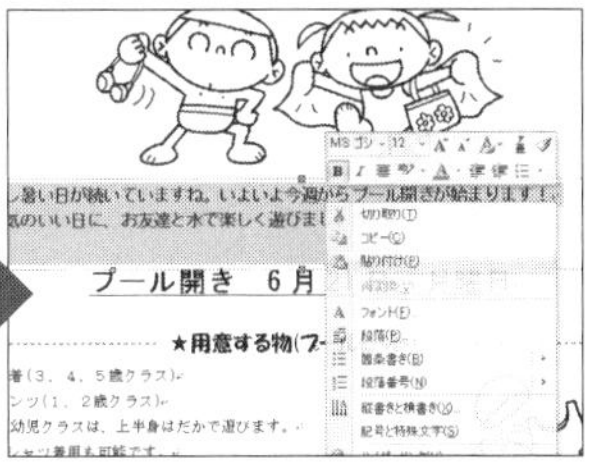

テキストボックス内にマウスポインタを移動して右クリック。表示されたメニューから「貼り付け(P)」を選択します。

＊文章を部分的に置き換えたいときは、STEP 2の①〜②の要領で置き換えたい文字だけを選択。
次に右クリックし表示されたメニューから「貼り付け（P）」を選択します。

6 保存する

ウィンドウ上部にあるOfficeボタンをクリックし、「上書き保存（S）」を選択。修正前のファイルも保存しておきたい場合は「名前を付けて保存（A）」を選択し、別名で保存します。

＊デスクトップ上のファイルの名前は変更できます。わかりやすいものに変えましょう。

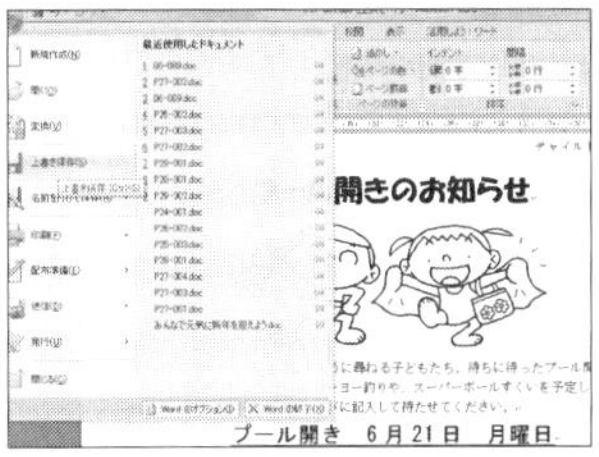

STEP 4

新しく文章を入力する

**テンプレート見本のイラストを削除して
そこに新しく文章を入れることができます。**

1 テンプレートを開く

P125のSTEP1の要領で「プール開き」テンプレートをデスクトップにコピーして、ファイルを開きます。

2 イラストを削除する

削除したいイラストの上に、マウスポインタを合わせ、イラストを選択します。キーボードの「Backspace」を押すと削除できます。

＊削除をやり直したいときは、クイックアクセスツールバーをクリック。

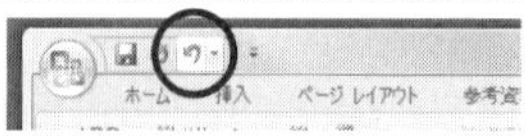

3 テキストボックスを作る

ウィンドウ上部の「挿入」タブから「テキストボックス」を選び、続いて「シンプル-テキストボックス」を選択すると、仮の文章が入った「テキストボックス」が表示されます。

テキストボックスの枠にマウスポインタを合わせて に変化したら、ドラッグして位置を移動させます。

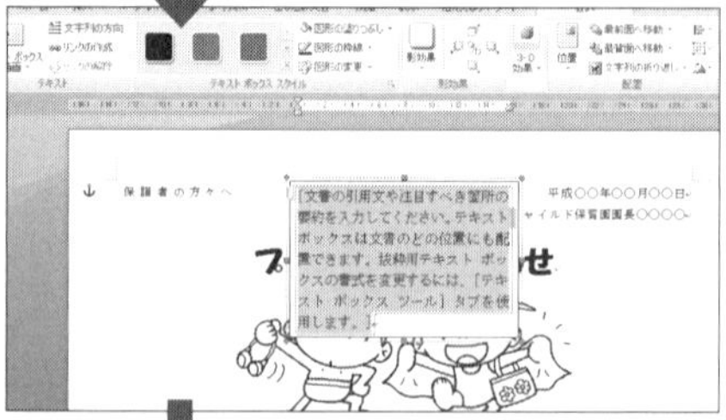

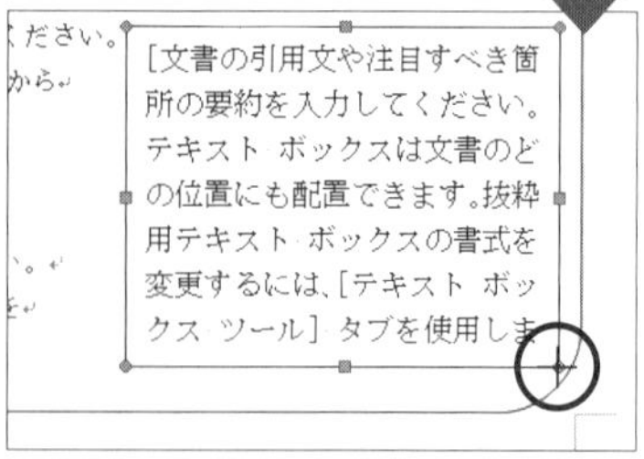

テキストボックスの■や●のマークにマウスポインタを合わせ、 になったら、ドラッグしてテキストボックスの大きさを調整します。

＊マウスポインタはドラッグすると⊞の形に変化します。

4 文章を入力する

マウスポインタで仮の文章を選択して、文字を入力します。

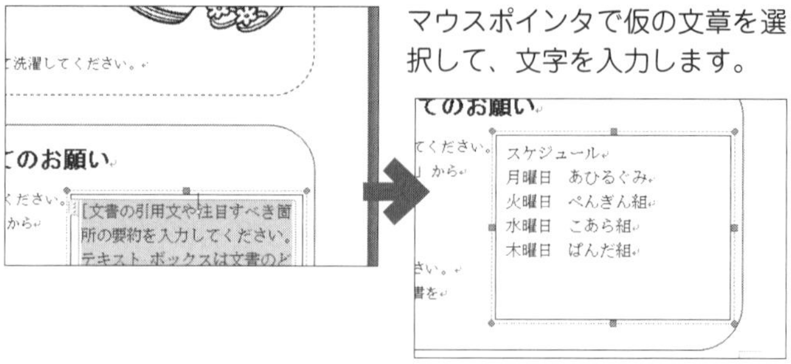

5 テキストボックスの書式設計

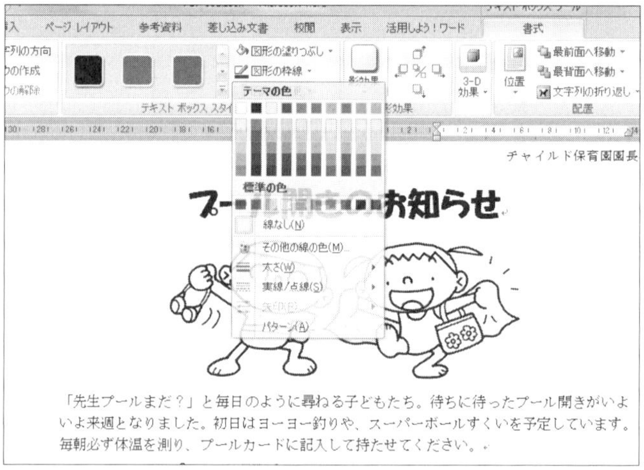

テキストボックスは、あらかじめ枠線がつくようになっています。この枠線を消すには、ウィンドウ上部の「書式」タブから「テキストボックススタイル」の「図形の枠線」をクリック。「線なし（N）」を選択します。

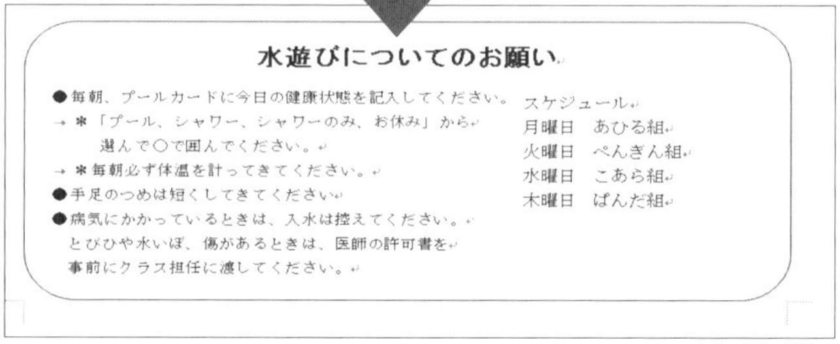

6 文字の種類を変更する

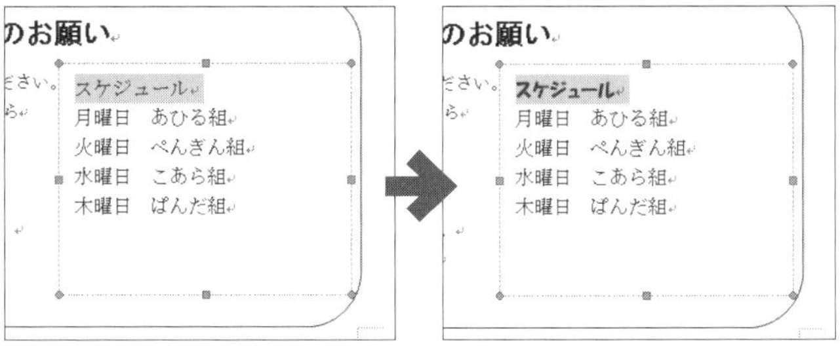

Iの形で、変更したい文字部分をドラッグして選択し、ウィンドウ上部のフォントメニューで文字種類を変えます。

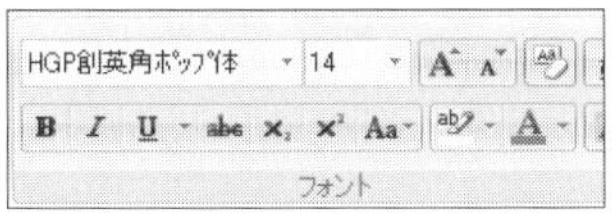

＊フォントメニューが表示されていないときは、「ホーム」タブをクリックしてください。

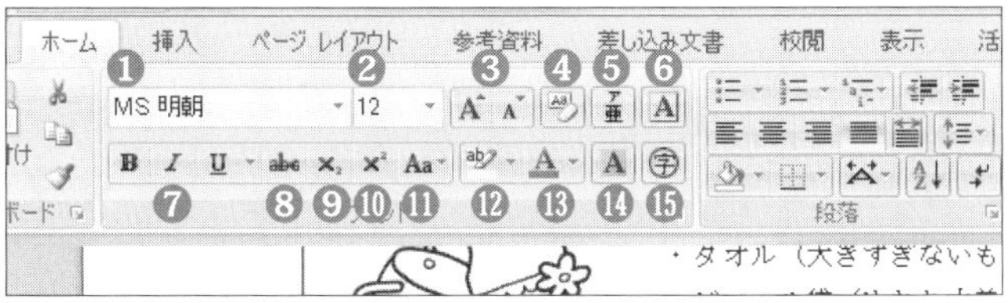

❶フォント（書体）を選びます。右側の▼をクリックすると、パソコンにインストールされているフォントが表示されます。
❷文字のサイズを選びます。右側の▼をクリックすると、サイズが表示されます。また、直接数字で入力することもできます。
❸フォントの拡大と縮小。
❹書式のクリア。
❺読みがな（ルビ）をつける。
❻囲み線。文字の周りをけいで囲みます。
❼左から、太字、斜体、下線付き。文字をそれぞれの形にします。
❽取り消し線。例：~~あいうえお~~
❾下付き文字。文字の大きさを小さくしてベースラインで揃えます。例：あいうえお$_{あいうえお}$
❿上付き文字。文字の大きさを小さくしてキャップラインで揃えます。例：あいうえお^{あいうえお}
⓫文字種の変換。欧文の書き出し文字を大文字にしたり、ひらがなをカタカナに変更したりできます。
⓬蛍光ペンの色。蛍光色の帯を文字に付けます。
⓭フォント（書体）の色。文字の色を設定します。
⓮文字の網かけ。文字にグレーの帯を付けます。
⓯囲い文字。文字を丸や四角で囲みます。

STEP 5

イラストを差し替える

付属のCD-ROMから使いたいイラストを選んでテンプレート見本の中のイラストと置き換えることができます。

1 テンプレートを開く

P125のSTEP1の要領で「プール開き」テンプレートをデスクトップにコピーして、ファイルを開きます。

2 変更したいイラストを選択する

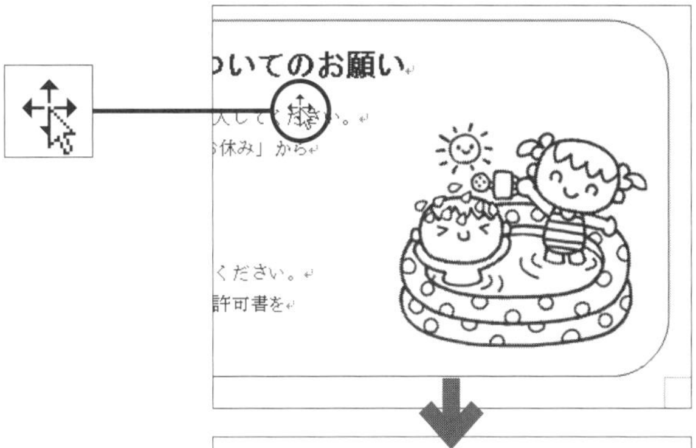

変更したいイラストにマウスポインタを合わせ、周囲に4つの■と4つの●が表示されたら、イラストが選択された状態になります。

＊表示される■や●のマークは、Wordのバージョンによって異なります。

3 イラストを削除する

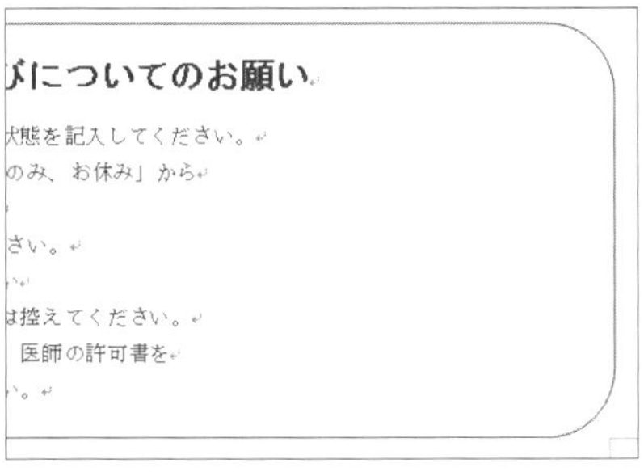

イラストを選択したまま、「Backspace」キーを押すと、イラストが削除されます。

＊削除をやり直したいときはウィンドウ上部の「クイックアクセスツールバー」の「元に戻す（Ctrl+Z）」を選択します。

4 図の挿入を選ぶ

ウィンドウ上部の「挿入」タブをクリック。「図」の上にカーソルを合わせると下図のウィンドウになります。そのまま「図」をクリックします。

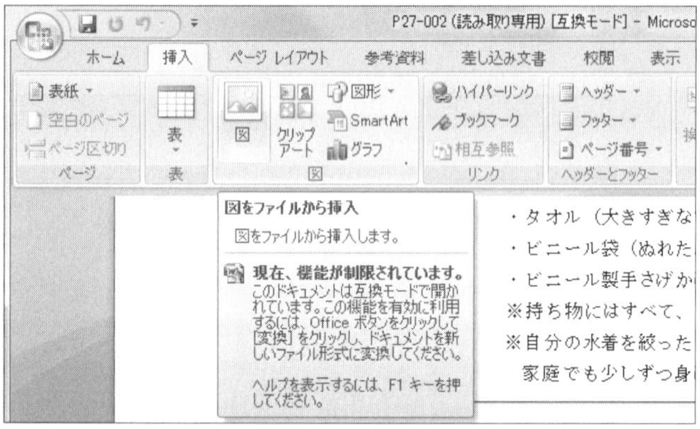

5 入れたいイラストを選ぶ

ウィンドウが開きます。画面左の「コンピュータ」を選び、CD-ROM→「Monthly」→「06」→「P48-49」→「06-011」の順に進んだら選択し、「挿入(S)」をクリックします。

「表示」のプルダウンメニュー（▼）からイラストの表示方法を選んでみましょう。ここでは、「大アイコン」を選択しています。すると上図のような大きさでイラストが表示されます。

イラストを選んで「挿入（S)」をクリックするとファイルにイラストが挿入されます。イラストが隠れてしまったり、文字の位置とのバランスが悪くなることがあります。その場合は、手順⑥へ進み「図の書式設定」で整えましょう。

6 図の書式設定をする

マウスポインタを新しいイラストに合わせてクリックすると、イラストの枠上に８つの■が表示されます。そのまま右クリックし、「図の書式設定(I)」を選びます。

＊表示される■のマークは、Wordのバージョンによって異なります。

「レイアウト」を押すと、左の画面が現れます。「前面(F)」を選んで「OK」をクリック。すると、イラストが前面に出て、きれいに表示されます。

7 イラストの位置を変える

マウスポインタでイラストを選択。4つの■4つの●が表示されたら選択されている状態です。

マウスポインタが✥の形になったら、ドラッグして移動させ、イラストを入れたい場所でマウスから指を離します（ドロップ)。

8 イラストの大きさを変える

マウスポインタでイラストを選択します。枠上の4つの■4つの●の１つにマウスポインタを合わせると、下図のようにマウスポインタの形が変わり、そのまま上下左右にドラッグすると大きさが変わります。

四隅の●をドラッグすると、イラストの縦横比を保ったまま、大きさを変えることができます。

上下の■をドラッグすると、横幅を保ったまま、イラストの縦のサイズを変更できます。

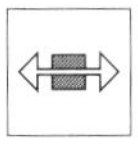
左右の■をドラッグすると、高さを保ったまま、イラストの横のサイズを変更できます。

上の緑の●をドラッグすると、イラストを回転できます。
＊Word 2000にはこの機能はありません。

ドラッグすると左図のようにマウスポイントが変化します。

ドラッグした場所に表示される点線が、変更後のサイズ見本になりますので、参考にしながら動かしましょう。

STEP 6
名前をつけて保存しよう

作ったファイルには名前をつけることができます。
わかりやすい名前をつけて保存しましょう。
ファイル名は、あとで変更することもできます。

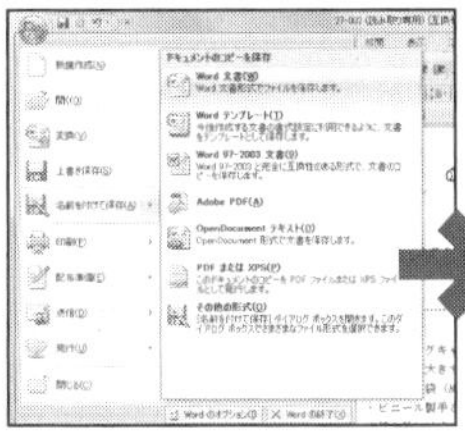

ウィンドウ上部のOfficeボタンから「名前を付けて保存(A)」を選択。保存用のウィンドウが開きます。

デスクトップをクリックして、「ファイル名(N)」に名前を入力して「保存（S）」をクリック。

＊Word 2007以外を使用しているパソコンの場合は、保存形式に注意しましょう。

STEP 7
印刷しよう

作ったファイルを印刷してみましょう。
使っているプリンタによって機能が異なりますので、
専用の説明書を確認してください。

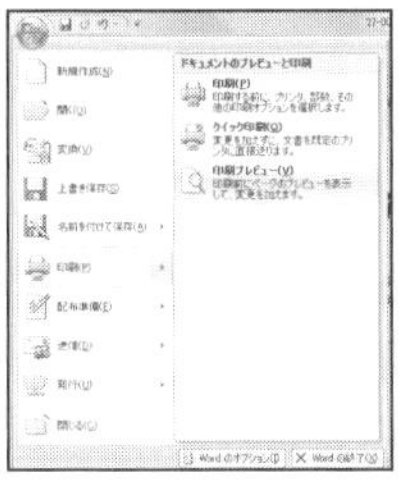

ウィンドウ上部のOfficeボタンからから「印刷(P)」の「印刷プレビュー(V)」を選ぶと、印刷プレビューのウィンドウが開きます。

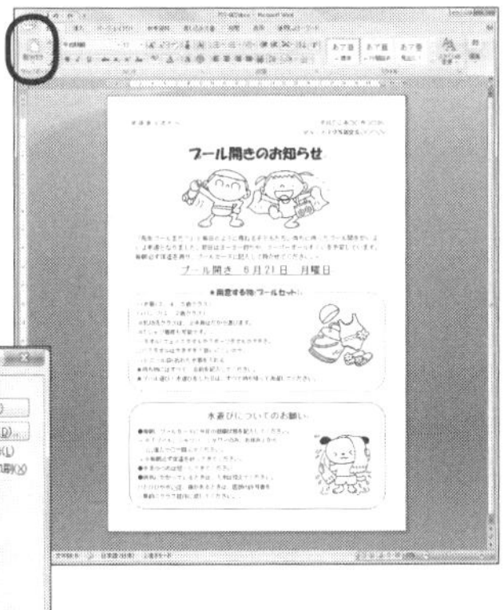

レイアウトを確認して、問題がなければ「印刷」をクリック。

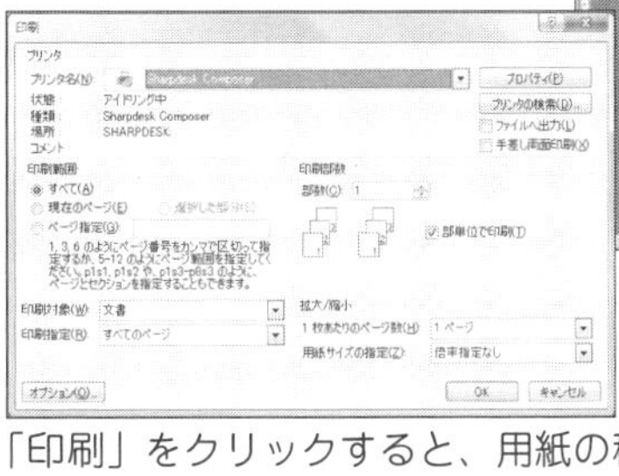

「印刷」をクリックすると、用紙の種類や印刷枚数などを選ぶことができます。「OK」ボタンを押すと印刷が開始します。

タイトル文字を楽しくデザインしよう!

ここで使うのは『ワードアート』というデザイン機能。最初からWordに入っている加工文字機能のことです。
『ワードアート』を使うと、見た目にも楽しくて、見る人をひきつける文字デザインに仕上がります。
＊オリジナルでも、テンプレート見本のタイトルにも使えます。

『ワードアート』でデザイン文字を!

まずWordファイルを表示させます（新規の場合はP135のSTEP 0を、テンプレート見本を使うときはP125のSTEP 1を参照)。ウィンドウ上部の「挿入」タブから「ワードアート」をクリックして、ワードアートスタイルを表示させます。好みのデザインを選択すると、「ワードアートテキストの編集」ウィンドウが現れます。「ここに文字を入力」の場所に文字を入力してください。

＊「ここに文字を入力」の文字は「Backspace」で消すこともできます。

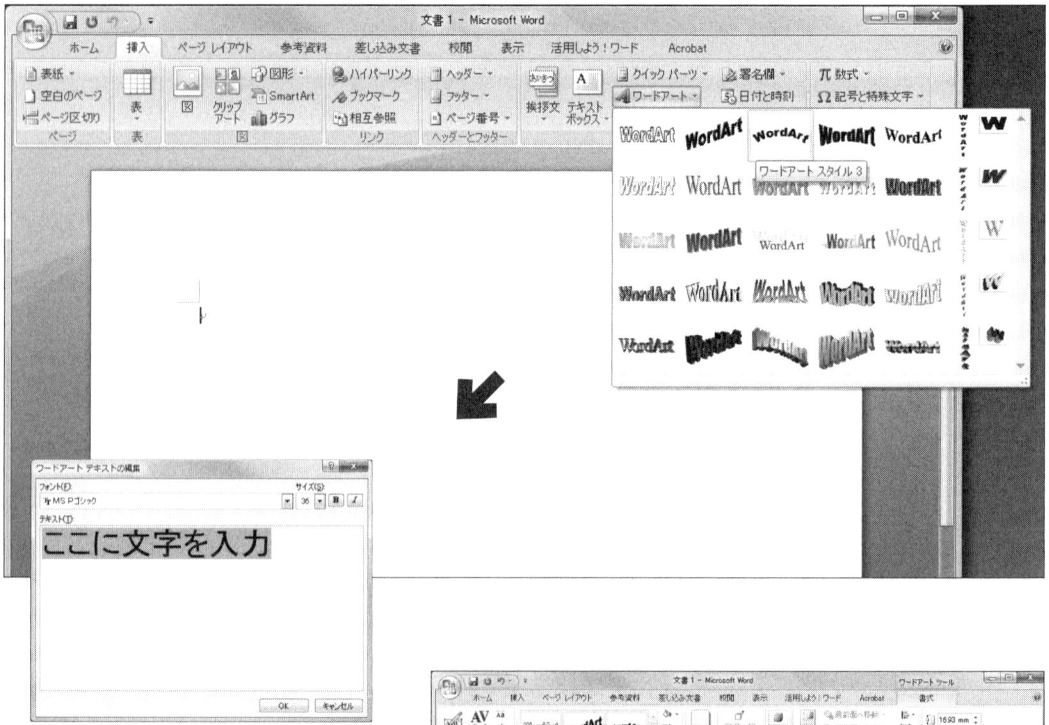

また、「ワードアートテキストの編集」ウィンドウ内で、「フォント（F)」「サイズ（S)」「太字」「斜体文字」を設定することができます。

文字が入力できたら、「OK」ボタンをクリックしましょう。

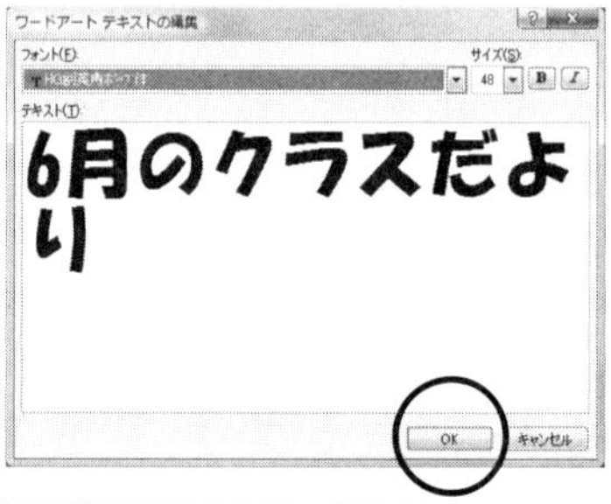

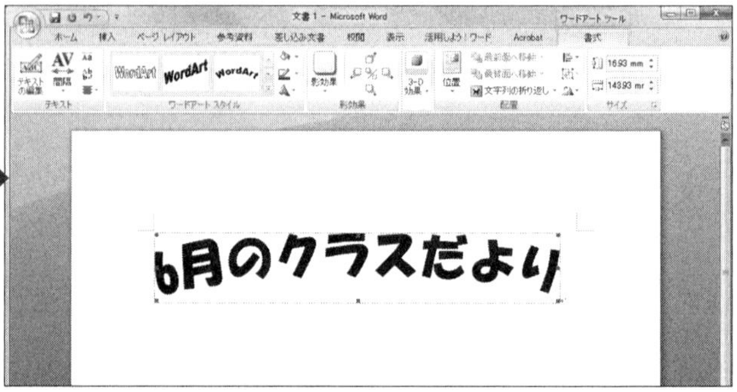

すると、画面上に、タイトルが表示されます。

タイトルを選択した状態で、右クリックすると「ワードアートの書式設定(O)」が表示されます。「レイアウト」のタブをクリックして「前面(F)」を選び、「OK」ボタンを押します。

＊「前面（F）」にすると、好きな場所へ移動することができます。

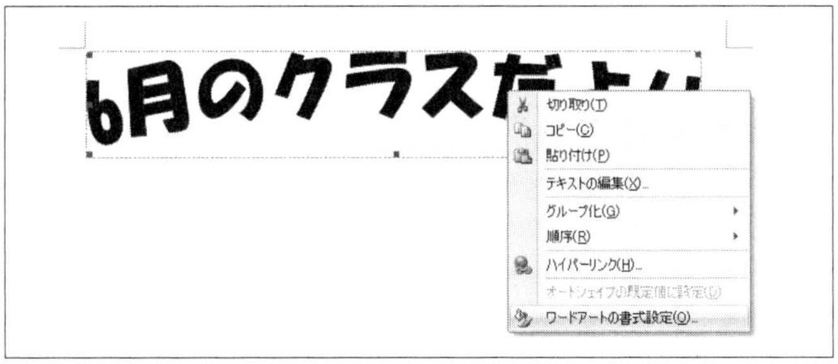

タイトルの大きさやデザインを変える

タイトルをクリックすると、文字の周囲に８つの■や●が表示されます。このうちの１つを選んでマウスポインタを合わせると、⇕の形になります。そのままドラッグすると、文字の大きさを変えることができます。

＊表示される8つのマークはWordのバージョンによって異なります。

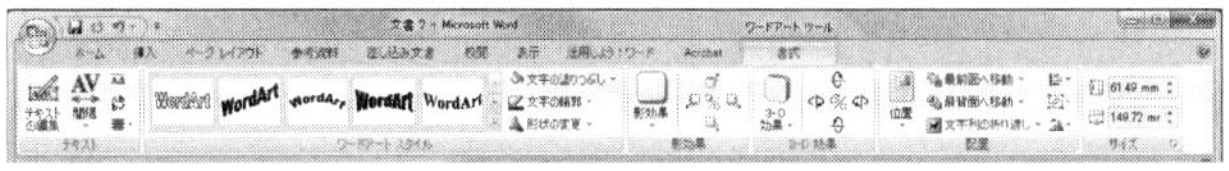

タイトル文字を別のデザインにしたい場合は、タイトルを選択した状態で、ウィンドウ上部の「書式」タブ内の「ワードアートスタイル」から好きなデザインを選んで、クリックすると、タイトル文字のデザインが変更します。

ワードアート スタイル

色や形など現在30種類のデザインを楽しむことができます。タイトルの色や線を変えたい場合は、右クリックをして、「ワードアートの書式設定（O）」から「色と線」を選択し、それぞれを変えることができます。

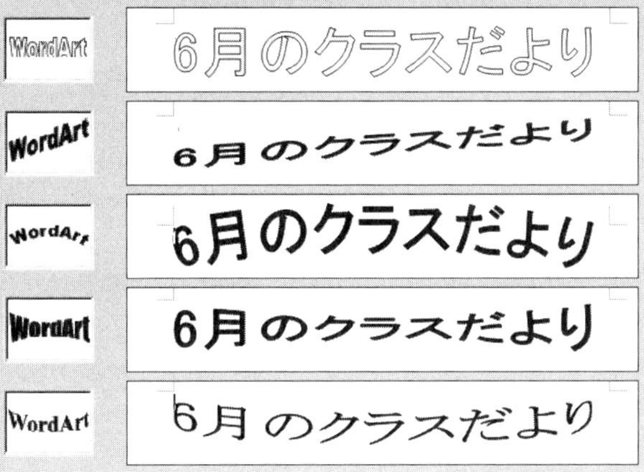

タイトルの形状を変える

ウィンドウ上部の「書式」タブ内の「ワードアートスタイル」から「形状の変更」をクリックし形状を選択する。

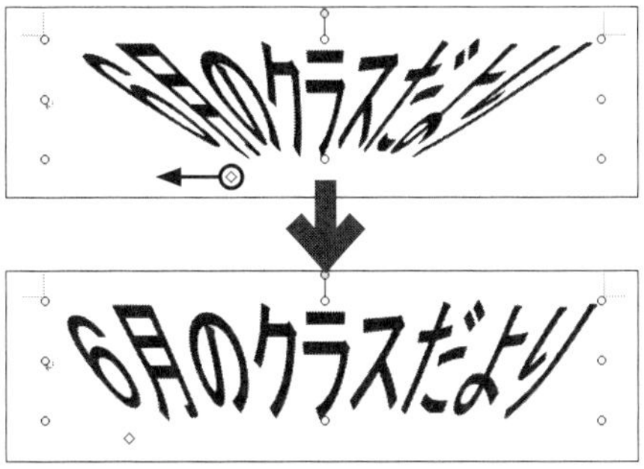

好みの「形状」を選択して、さらに黄色い◇をドラッグすると、形状を自由に調整することができます。

自分だけの

オリジナルの『クラスだより』を作ってみよう!

Wordファイルに、イラストや文例などを入れて、オリジナルのクラスだより作りにチャレンジします。
ここで使用するイラストや文例の材料は、
付属のCD-ROMの「134-Lesson」フォルダに入っていますので、
それを使ってやってみましょう。

イラストと文字を使って作ってみよう!!

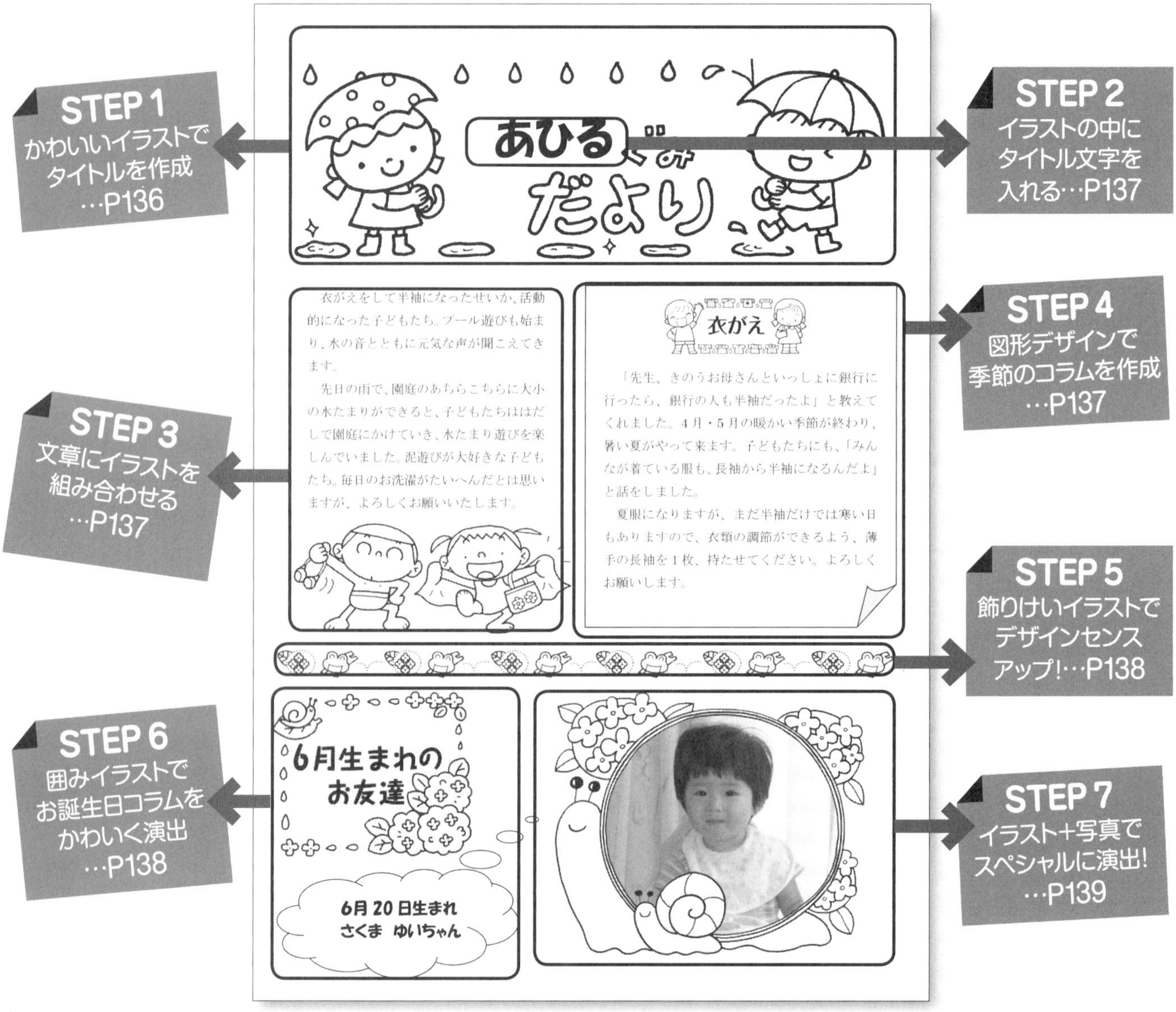

STEP 0(準備)

Wordを起動させる

パソコンの「スタート」から「すべてのプログラム(P)」→「Microsoft Word」を選んでクリックします。デスクトップに「文書1-Microsoft Word」という名前のファイルが表示されます。

1 ワードを開く

Windowsのスタートメニューから「Microsoft Office Word 2007」を選びクリックします。

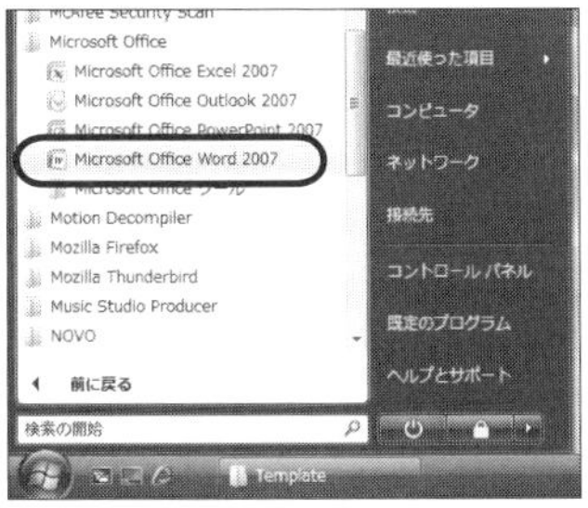

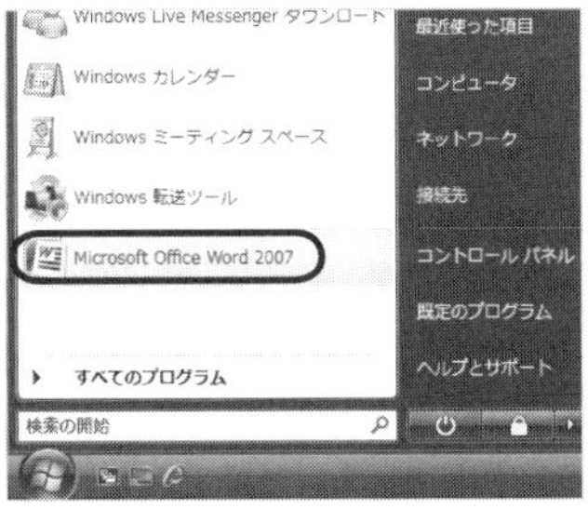

デスクトップに「文書1-Microsoft Word」というファイル名のウィンドウが表示されます。

「Officeメニュー」の「名前を付けて保存(A)」から「Word 97-2003 文章(9)」を選択しファイルを保存します。

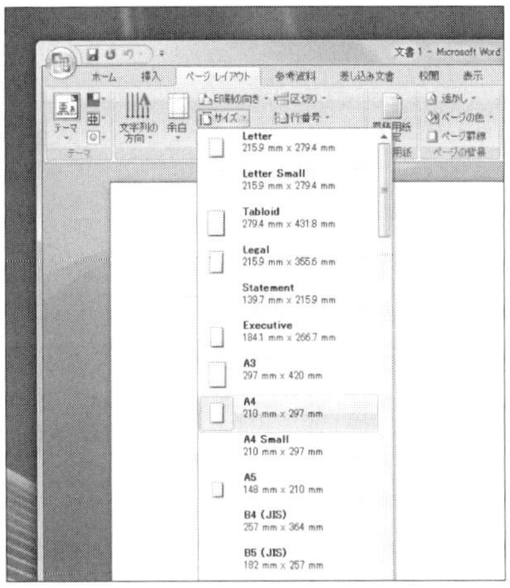

「文書1-Microsoft Word」ウィンドウの上部「ページレイアウト」タブからサイズを選択します。
サイズの一覧が表示されますので、ここでは「A4」を選択しましょう。

次に、「余白」を選んで、紙の余白を決めます。あらかじめ設定されているサイズでも構いません。そうでない場合は「ユーザー設定の余白(A)」から数値を入力しましょう。

＊プリンタの種類によって印刷できる範囲が異なりますので、プリンタ専用の説明書をご確認ください。

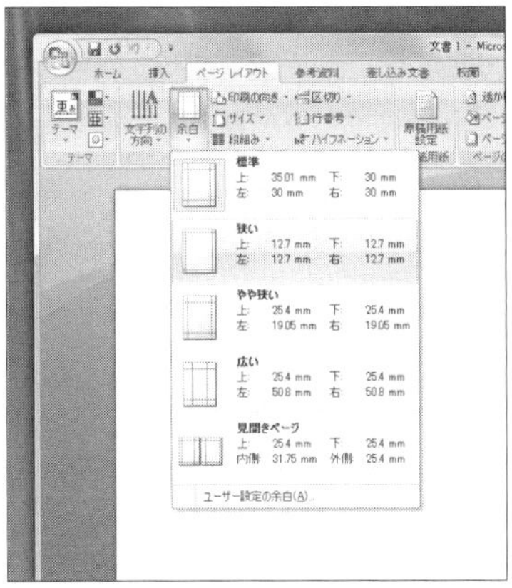

用紙を横にしたスタイルのおたよりを作りたいときは、「印刷の向き」を「横」にしてください。

ONE POINT!

使うイラストと写真を用意する

イラストや写真入りのおたよりを作る場合は、あらかじめ使いたいイラストや写真の材料を集めて専用のフォルダを作っておくと、とっても便利。
本書では、練習用に、付属のCD-ROMに「134-Lesson」フォルダが収録されているので、フォルダごとデスクトップにコピーしてお使いください。

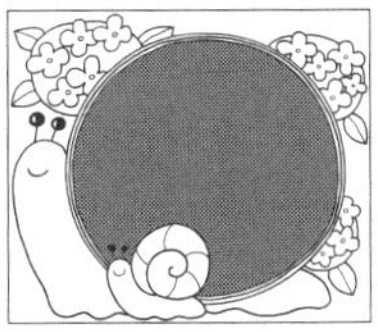

STEP 1
イラストタイトルを作ってみよう

P135のSTEP0で準備したウィンドウにイラストをはり込み、おたよりやポスターなどのタイトルにしましょう。
太めの線のイラストを選ぶと、タイトルらしいイメージになります。

1 CD-ROM内のイラストを取り込む

ウィンドウ上部の「挿入」タブから「図」を選択し、本書付属のCD-ROMから使いたいイラストのファイルを見つけます。ここでは、「134-Lesson」フォルダ内のイラストを使います。（P130の手順④と⑤を参照）

2 イラストの書式設定

挿入したイラストを選択します。

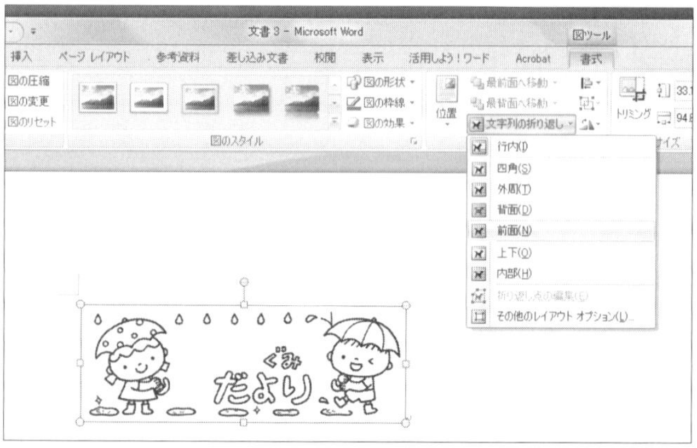

イラストを選択した状態で「書式」タブの「文字列の折り返し」から「前面（N）」を選択すると、イラストが前面に表示され、自由に移動することができます。

3 イラストの大きさを変える

イラストの周囲にある８つの■や●にマウスポインタを合わせると の形になります。この状態になると、イラストの大きさを変えることができます。

＊表示される8つのマークはWordのバージョンによって異なります。

移動させるマウスポインタ

マウスポインタをイラスト上にもっていくと の形に変わります。そのままドラッグしながら、イラストを好きな場所へ移動させます。

大きさを変えるマウスポインタ

マウスポインタをイラストの枠上にもっていき、８つの■や●のマークの１つにマウスポインタを合わせると、この形になります。このままドラッグすると、大きさを変えることができます。

STEP 2
イラスト内に文字を入れよう

ここでは、STEP1で取り込んだイラストに、文字を組み合わせるテクニックを紹介します。
囲みイラストなどの空いている部分にも文字を入れることができます。

1 テキストボックスを作る

余白をクリックして、イラストの選択を解除し「挿入」タブから「テキストボックス」をクリック、「シンプル - テキストボックス」を選択します。

2 テキストを入力する

テキストボックスに、仮の文書が入っています。文章を選択し、必要な文章を上書きしてください。

3 テキストのサイズと書体を変える

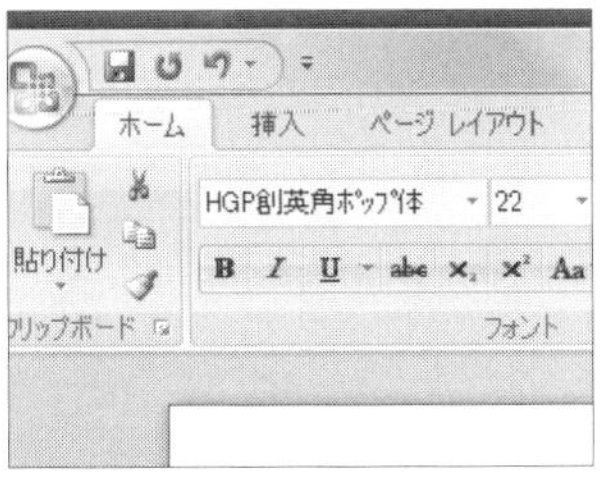

テキストボックスに文字を入力したら、文字の書体とサイズを決めましょう。「ホーム」タブをクリックすると、書体と文字の大きさを変更するメニューが表示されます（P129手順⑤を参照）。

4 テキストボックスの書式設定

テキストボックスの枠にカーソルを合わせ、✥になったら右クリックして「テキストボックスの書式設定（O)」を表示。「色と線」タブ内、塗りつぶしの「色（C)」の▼から「色なし（N)」を選びます。次に「線」の「色(O)」も「色なし（N)」を選択します。「OK」ボタンをクリックすると、テキストボックスの枠線が消えます。

5 イラストと文字を合わせる

手順④ができたら、テキストボックスを移動させ、イラストの中に入れます。

STEP 3
文章とイラストを組み合わせる

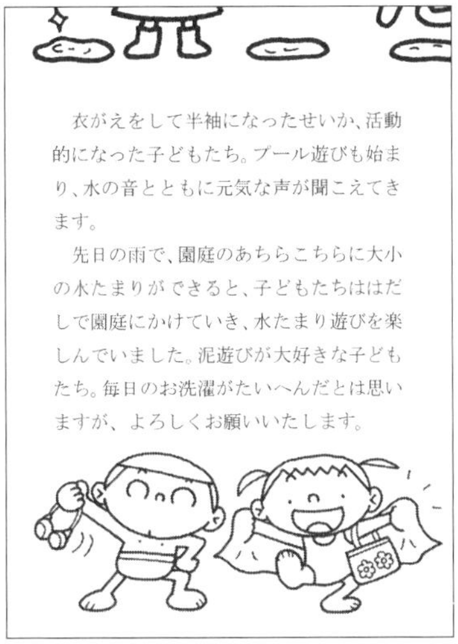

P136〜137のSTEP1、2の要領でイラストと文章を組み合わせます。練習用の文章として、「134-Lesson」内に、テキストファイル「134」が入っています。

STEP 4
オートシェイプで楽しい図形を作る

Wordには、さまざまなタイプの図形を作る機能があります。文字やイラストの背景などに、あしらったりすると、コラムにもちょっとした演出が加えられます。

1 図形を作る

「挿入」タブの「図形」から使いたい図形を選びます。
ここでは「基本図形」の中から「メモ」を選びました。
マウスポインタが＋の形になったら、図形を入れたい場所までドラッグします。

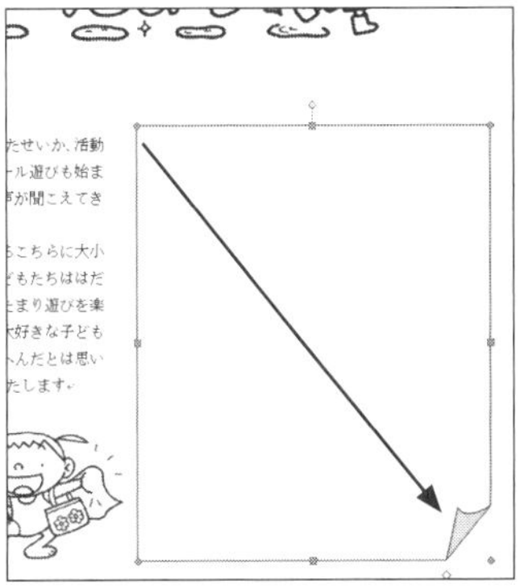

2 図形を移動する

P137のSTEP4手順①で作成した図形を、ドラッグして移動することができます。
また、図形の周囲に８つの■や●が表示されると、大きさを変えることもできます。

3 図形内にイラストを入れる

P136のSTEP 1の要領でイラストを取り込み、作った図形にレイアウトしましょう。

＊マウスポインタをイラストの上でクリック。✥の形に変わったら移動できます。

4 図形内にテキストを入れる

P136のSTEP 2の要領で文字を入力し、図形上にレイアウトします。
ここでは、手順③のイラストの下に文章をレイアウトします。

＊マウスポインタをテキストボックスの上でクリック。✥の形に変わったら移動できます。

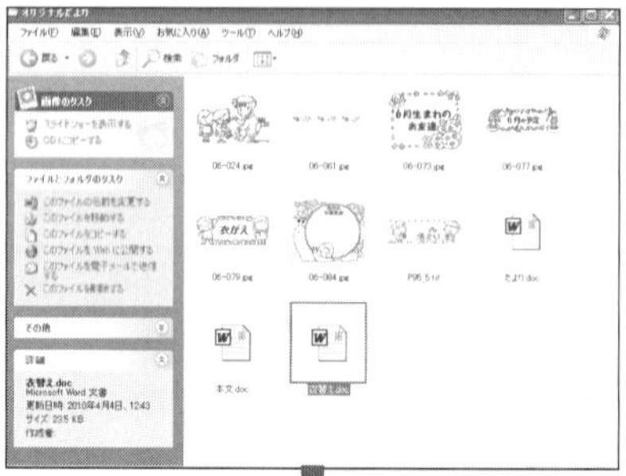

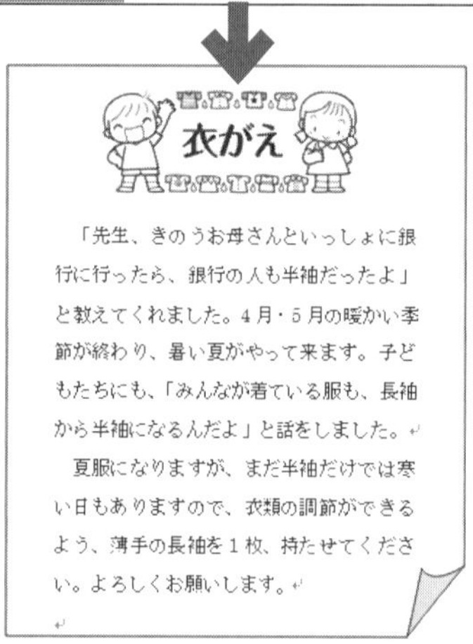
衣がえ

「先生、きのうお母さんといっしょに銀行に行ったら、銀行の人も半袖だったよ」と教えてくれました。４月・５月の暖かい季節が終わり、暑い夏がやって来ます。子どもたちにも、「みんなが着ている服も、長袖から半袖になるんだよ」と話をしました。

夏服になりますが、まだ半袖だけでは寒い日もありますので、衣類の調節ができるよう、薄手の長袖を１枚、持たせてください。よろしくお願いします。

STEP 5
飾りけいイラストでデザイン性アップ!

飾りけいのイラストデータは
文章間の区切りや全体を囲むなどにおすすめなので、
縮小サイズでデザインっぽく使用するといいでしょう。

1 飾りけいイラストを取り込む

P136のSTEP 1の要領で、飾りけいイラストを入れたい場所に取り込みます。目安として、用紙の1/2から1/3くらいの大きさで使用するといいでしょう。

2 飾りけいをコピーして横に並べる

Ctrl ＋ C

Ctrl ＋ V

コピーするときは、マウスポインタで飾りけいイラストを選択し、キーボードの「Ctrl」と「C」を同時に押します。
次に、「Ctrl」と「V」を同時に押すと、イラストがペーストされます。
コピーしたイラストを元のイラストの横に並べましょう。

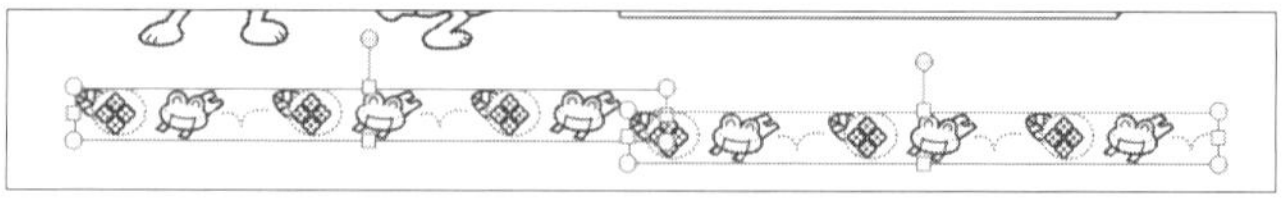

STEP 6
お誕生日コラムを作る

P136～137のSTEP1～STEP 3と同じように作ります。
枠イラストに文字がかからないように注意しましょう。
雲形の図形と文字を組み合わせる場合は、P137のSTEP4の要領で図形を作成し、P136のSTEP2のように文字入力して合わせます。

STEP 7
イラストにお友達の顔写真を入れよう

イラストの中に、デジタルカメラで撮影した顔写真を入れてみましょう。
このときの、写真のファイル形式はJPG形式で保存しておいてください。

1 イラストを取り込む

P136のSTEP 1の要領で、作りたい場所にイラストを取り込みます。
ここで使う練習用のイラストには、あらかじめ色が塗ってあるので、色塗りは不要ですが、通常は、「ペイント」を使って色をつけます。P141～142のSTEP 2に沿って、写真を入れたい場所だけに色を入れましょう。

＊色を塗るのは、その部分だけイラストを透明にして、写真を表示することができるからです。

2 写真データを取り込み、サイズを調整する

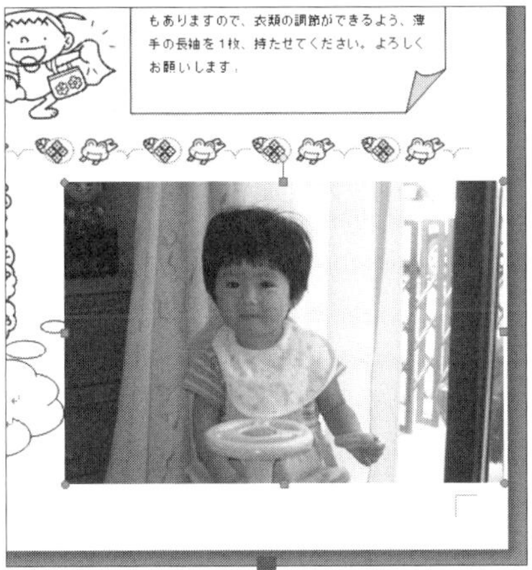

写真の取り込みや大きさの調整は、イラストを取り込むのと同様に操作します（P136のSTEP 1を参照)。

3 透明にして写真を表示する

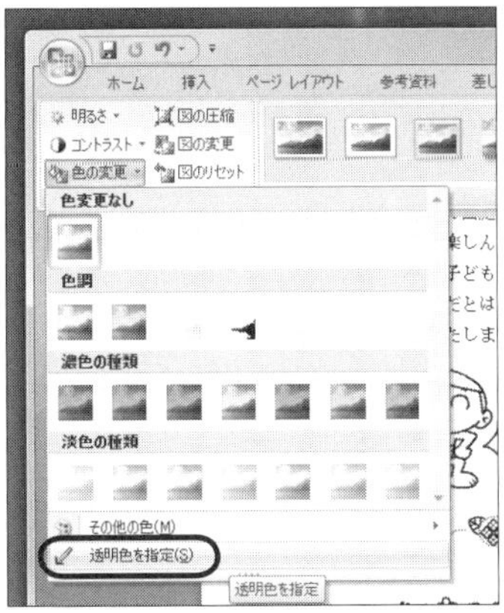

手順②で取り込んだイラストをマウスポインタで選択し、「書式」タブの「色の変更」をクリックします。

表示された項目の中から、「透明色を指定(S)」を選択、マウスポインタが に変わったら写真を入れたい部分をクリックします。
ここでは、かたつむりの背中を指定します。

透明ツールでクリックした部分に写真が出ました！
配置した写真を選択し、「書式」タブの「トリミング」をクリックします。写真の周りにできる6ヵ所の黒い枠線をドラッグすると、写真をトリミングすることができます。
写真やイラストを移動したいときは、写真またはイラストをマウスポイントで選択し、 の形になったら動かしましょう。

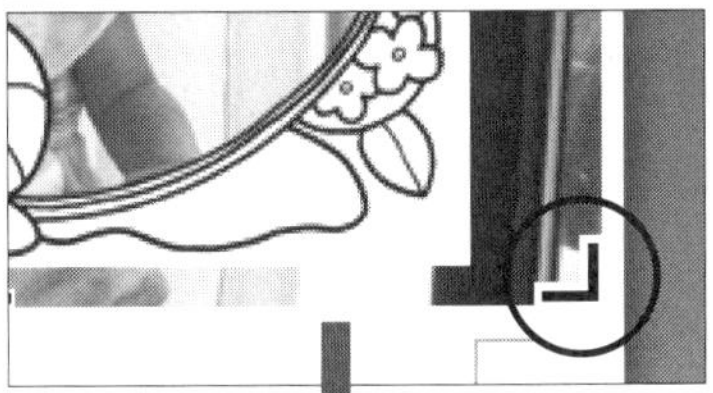

完成！

パソコンで作ってみよう

今すぐ！

ペイントを使って イラストを自由に加工しよう!!

「ポスター」や「お知らせ」や「イベントプログラム」などをカラーで作りたいけど、
使いたいイラストがモノクロだからちょっと味気ないかも……というときに役立つテクニックです。
線画のイラストに色をつけて、園生活を盛り上げましょう。

STEP 1
ペイント ソフトを使おう

Windowsのパソコンに、あらかじめ入っているソフト。とても簡単な操作で、色を塗ることができます。

1 まず、ペイントを起動

Windowsのスタートメニューをクリックし、「すべてのプログラム」→「アクセサリ」→「ペイント」を選びます。すると、「無題－ペイント」のファイルがデスクトップに表示されます。

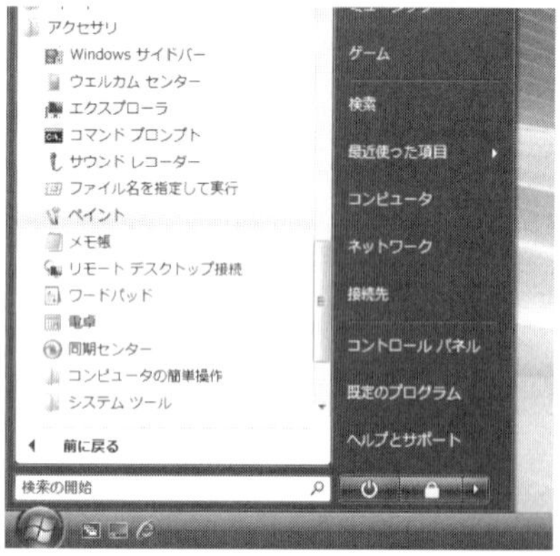

2 イラストを表示する

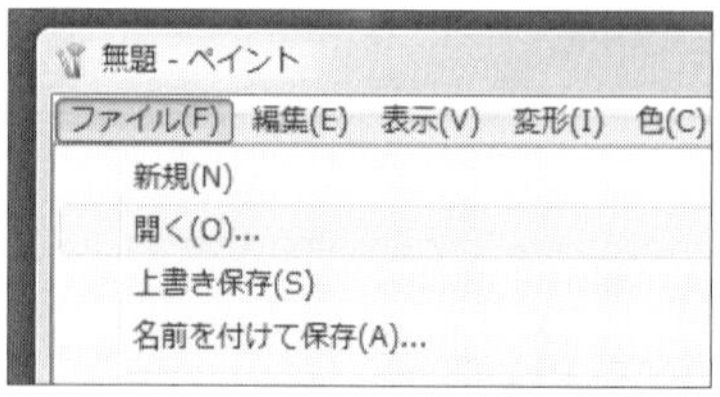

「無題-ペイント」ウィンドウの上部にある「ファイル（F)」メニューから「開く（O)」をクリック。左側から「コンピュータ」を選択します。

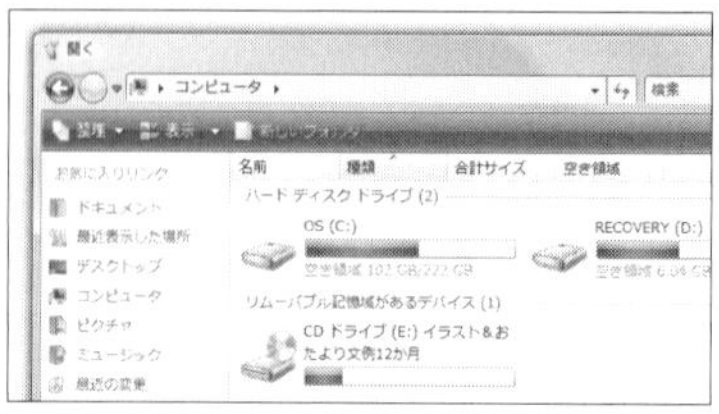

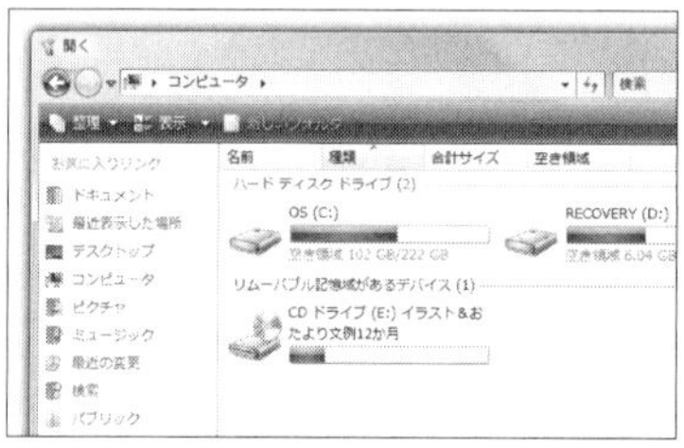

「コンピュータ」から付属のCD-ROMを選んで「開く（O)」ボタンを押し、使いたいイラストのファイルを探して、「開く（O)」を押します。

ここでは練習用として、P57夕涼み会のイラストを使うので、「Monthly」→「07」→「P56-57」→「07-021」を選択。「開く(O)」ボタンをクリックしましょう。

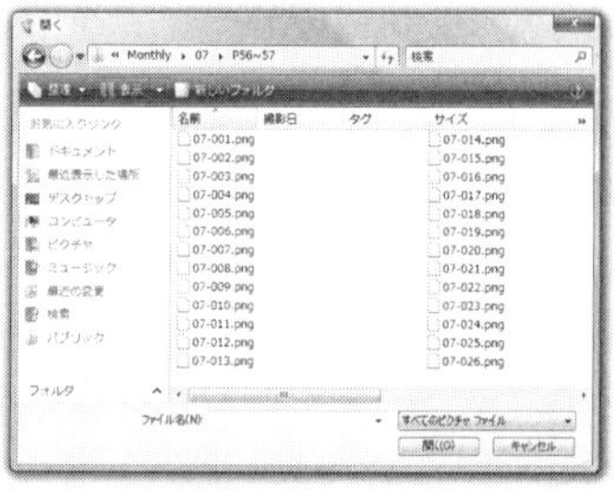

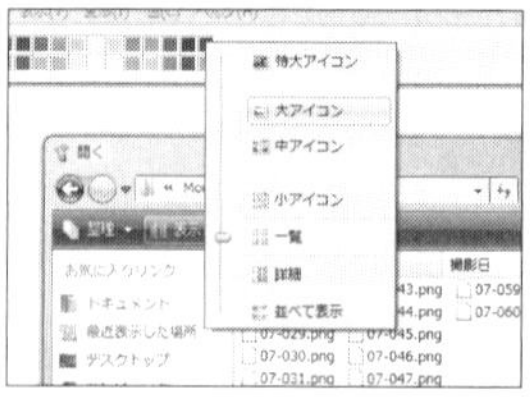

ひと目で絵柄がわかる表示

ファイルを選択するときに、絵柄を表示することができます。
「開く（O)」ウィンドウ内の「表示」プルダウンメニュー（▼）から、表示アイコンの種類を選びます。

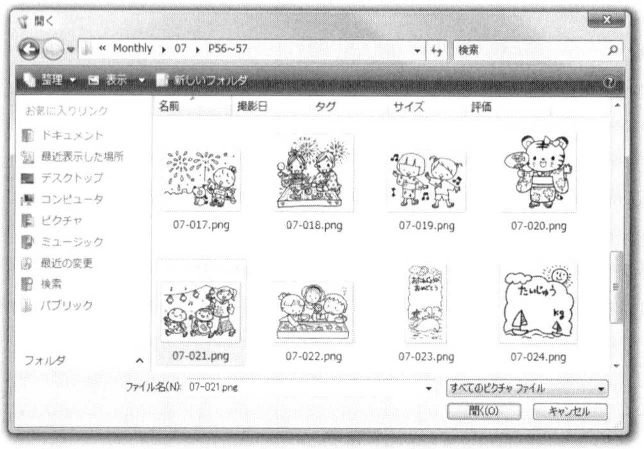

すると、どんな絵柄かがひと目でわかり、選びやすくなります。

ペイントツールの紹介

ペイントには、色を塗る操作に必要なツールがあります。それぞれ試してやってみましょう。

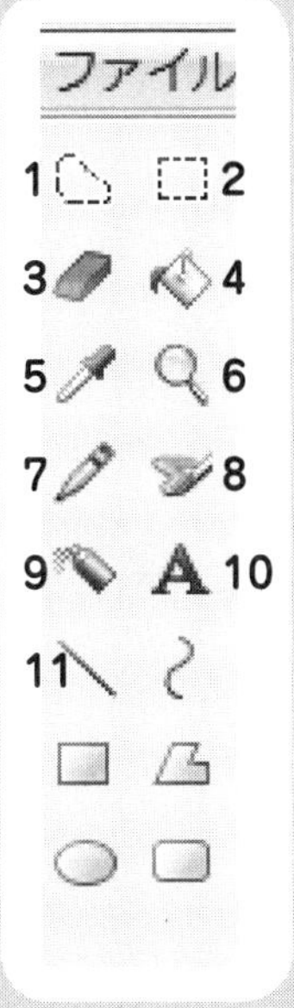

1. 自由選択

イラストの一部分を切り取るときに使います。自由線で指定した範囲のみを切り取ります。

2. 選択

四角の範囲に指定し、その部分のイラストを切り取るときに使います。

3. 消しゴム

イラストの線を消したいときに使います。４種類の太さを選ぶことができます。

4. 塗りつぶし

線で囲まれた部分の色を塗るときに使います。

5. 色の選択

イラスト上の色を選択すると、下の**12**の選択色の□に表示されます。

6. 拡大と縮小

イラストの表示を拡大・縮小します。左クリックで拡大。右クリックで縮小。

7. 鉛筆

線を足したいときなど自由に線を描くときに使います。

8. ブラシ

ブラシで描くように色を塗ったり線を作ったりします。いろいろな太さがあります。

9. エアブラシ

霧吹で吹き付けたような感じに色を塗ることができます。

10. テキスト

イラストの中に文字を入れたいときに使います。

11. 直線

まっすぐな線を1本引くときに使います。

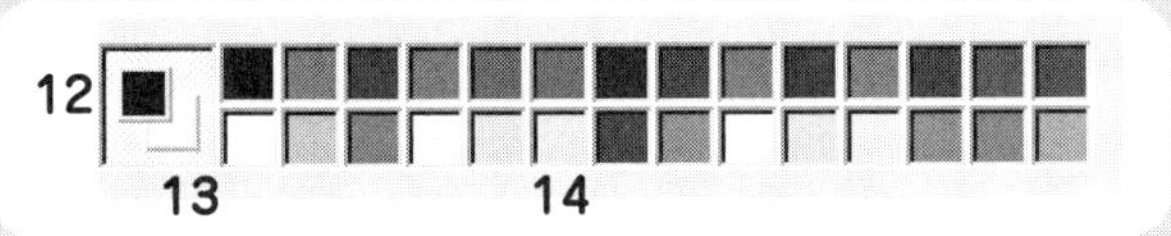

12. 選択色

上にある□は現在選択している色を表示しています。カラーパレットを左クリックすると変更できます。

13. 背景色

下にある□は背景にある色を表示しています。カラーパレットを右クリックすると変更できます。

14. カラーボックス

使いたい色を選べます。色の上をクリックするとその色が選択され、12の選択色の□に表示されます。色の上で右クリックすると、背景の色が選択されます。

STEP 2
イラストに色を塗る

モノクロのイラストをカラーでプリントアウトしたいときは、ペイントを使って、簡単に色を塗ってみましょう。

1 イラストを開いて、カラーモードに

P140のSTEP 1の要領で、使いたいイラストを選びます。

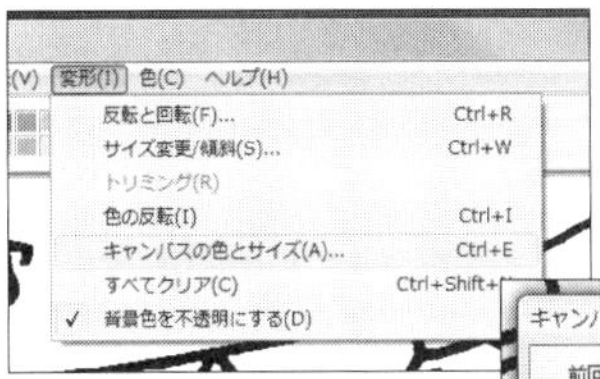

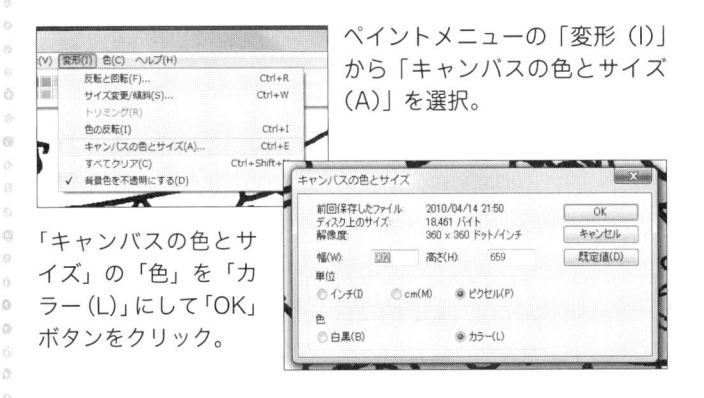

ペイントメニューの「変形（I)」から「キャンバスの色とサイズ(A)」を選択。

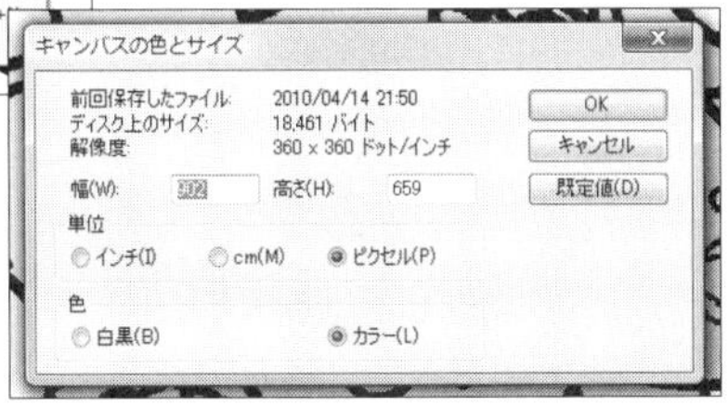

「キャンバスの色とサイズ」の「色」を「カラー(L)」にして「OK」ボタンをクリック。

2 イラストに色を流し込む

「カラーボックス」から好きな色を選び、ペイントツールの「塗りつぶし」を選択。マウスポインタを塗りたいイラスト部分に合わせてクリックすると、そこに色が流し込まれます。

ONE POINT!

色を塗りたい部分が囲われているかがポイント！

色を塗るときの条件として、塗る部分が線で囲まれている必要があります。つまり、範囲指定がされていれば、色を塗ることができるわけです。塗りたい部分が、線で囲まれていない場合でも、線を足してふさげば、色をつけることができます。P142手順③を参照してください。

3 囲まれていない部分をふさぐ

ペイントツールの「拡大と縮小」を選択して、線を足したい部分を拡大します。
次に、ペイントツールの「鉛筆」を選択して、マウスポインタが鉛筆の形になったら、ふさぎたい部分の線先をクリック。そのままドラッグして、つなげたいところまで線を描きましょう。

上図のように線でふさいだら、ペイントツールの「塗りつぶし」を選択して、カラーボックスで色を選んで塗りたい部分をクリック。すると、色が流し込まれます。

ONE POINT!

カラーボックスにない オリジナルの色を作ってみよう

ペイントメニューから「色（C）」→「色の編集（E）」を選択。「色の編集」を表示させます。

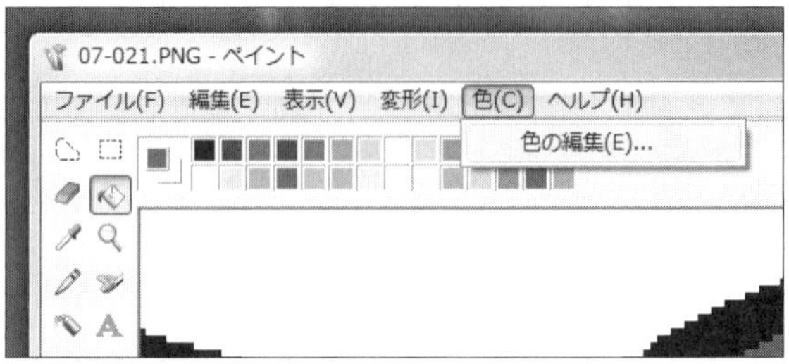

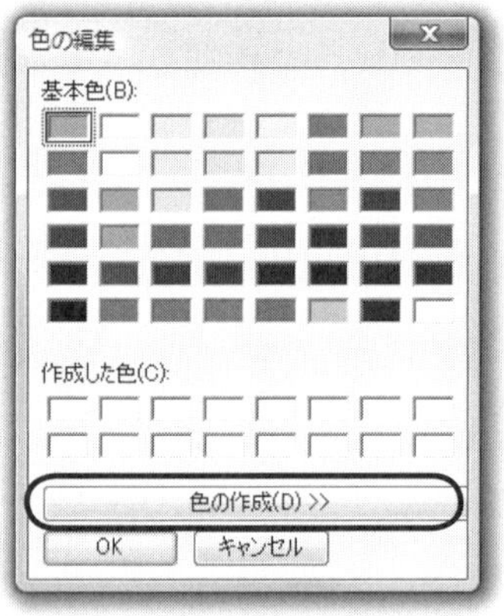

「色の編集」画面の「色の作成（D）」をクリックします。

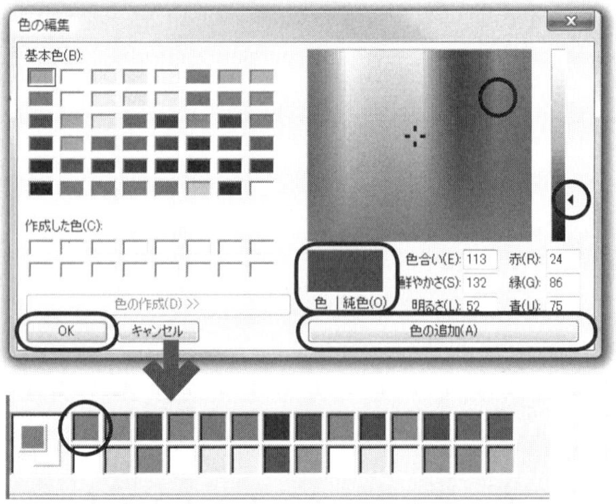

「基本色(B)」右側のカラーパレット上でクリックすると、選んだ色が「色｜純色(O)」に表示されます。明るさは、右端のカラーバー（◀）で調整しましょう。
色が決まったら、「色の追加（A）」をクリック。「作成した色（C）」に登録され、「OK」ボタンを押すと「カラーボックス」に表示されます。

STEP 3
イラストの一部を削除する

「用紙に入りきらない」「もう少しイラストを減らしたい」・・・
というときに使う加工テクニック。
イラストを拡大して作業しましょう。

1 自由選択ツールで囲む

P140の手順①～②の要領で、使いたいイラストを選びます。ペイントツールの「自由選択」を選択して、イラスト上にマウスポインタを合わせ、マウスポインタが になったら、そのままドラッグしながら、切り取りたいイラストを自由線で囲みます。

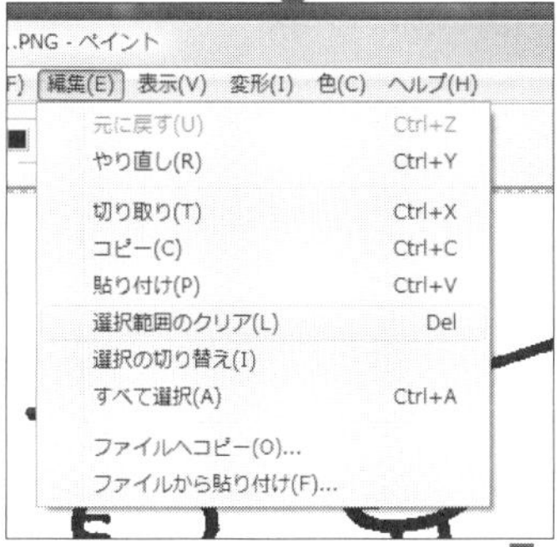

切り取りたい部分を選択、マウスを離すと点線で範囲が選択されます。「編集(E)」メニューから「選択範囲のクリア（L)」を選択すると、指定した部分だけイラストが消えます。

2 拡大して細部をきれいに削除する

切り残しがないか、イラストを拡大してチェックします。ペイントツールから「拡大と縮小」ツールを選び、拡大したい部分のイラスト上に合わせ左クリック。

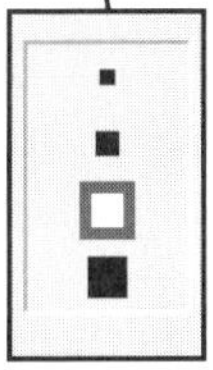

切り残しがあったら、ペイント「消しゴム」ツールで消します。左図のように、ツール下に４種類の太さが選べるボックスが表示されるので、そこからサイズに合ったものを選択して線を消しましょう。

きれいに消せたら、ファイルを保存します。
「ファイル（F)」→「名前を付けて保存（A)」をクリックして、ファイル名を入力し、保存完了です。

＊一度保存したファイルを再度開いてから作業したときは、「上書き保存(S)」で保存すると、元のファイル自体が変更します。

CD-ROMブック

イラスト&おたより文例12か月

ポット編集部／編

【データの使用許諾について】

◯付属の CD-ROM に収録されているデータは、本書をご購入されたお客様のみに使用が許可され、営利を目的としない園だよりや学校新聞、プライベートなカード等に使用できます。園の広告、パンフレット、看板、マークなどには無断で使用することはできません。また、ホームページなどの電子媒体（個人的なものを含む）には、目的にかかわらず使用できません。

◯付属の CD-ROM に収録されているデータを無断でコピーして頒布することは、著作権法で固く禁じられています。

編集協力　niko works　いしびききょうこ　よしだえり　くさやなぎあさこ

表紙デザイン　武野至恵　niko works

表紙イラスト　浅羽壮一郎、坂本直子、たかはしなな、みさきゆい、吉川めり子

本文イラスト　浅羽 壮一郎、いけだ こぎく、いとう・なつこ、宇田川 幸子、おおしだ いちこ、加藤 直美、木曽 健司、北村 友紀、坂本 直子、佐古 百美、shiori、関口 たか広、タカタ カヲリ、高野 正美、たかはし なな、竹谷 敬造、ニシワキ タダシ、ノダ マミコ、野村 玲、深沢 真由美、M@R、町田 里美、三浦 晃子、みさき ゆい、みや れいこ、min、森田 雪香、八下田 光子、やまぐち みちよ、やまざき かおり、YUU、ようふ ゆか、吉川 めり子、渡井 しおり、わらべ きみか

本文文例　野上秀子、山口千恵子、堀祐美子

本文デザイン　武野至恵　niko works

CD-ROM制作　niko works

発行日　2010年5月　初版第1刷発行
2020年1月　第12刷発行

発行人　村野芳雄

発行所　株式会社チャイルド本社
〒112-8512　東京都文京区小石川5-24-21
電話03-3813-2141（営業）　03-3813-9445（編集）
振替00100-4-38410

印刷・製本所　共同印刷株式会社

ISBN　978-4-8054-0162-0 C2037

NDC 376　26cm×21cm 144P